www.tredition.de

AF217675

Tobias Breidenbach

Leistungsdenker

Philosophische Psychologie ohne Wissenschaft

www.tredition.de

© 2019 Tobias Breidenbach
Lektorat, Korrektorat: Anna Schulz

Verlag und Druck: tredition GmbH, Halenreie 40-44, 22359 Hamburg

ISBN
Paperback: 978-3-347-00382-8
Hardcover: 978-3-347-00383-5
e-Book: 978-3-347-00384-2

Inhalt

Training für das Gehirn 11

Held des Alltags 42

Ihr „Marktwert" ... 71

Über das Leben... 90

Epilog ... 111

Über den Autor

Tobias Breidenbach wurde am 01. Juli 1999 in Limburg an der Lahn geboren. Schon in frühen Jahren interessierte er sich für komplexe Probleme. Sein Abitur hat er im Jahr 2017 mit der Durchschnittsnote 1,0 abgeschlossen, seitdem studiert er dual Betriebswirtschaftslehre.
In seiner Freizeit spielt er Fußball, betreibt Ausdauersport und interessiert sich für die Motorsportserie „Formel 1".

Er gilt als angenehmer, nachdenklicher Zeitgenosse, der mit seiner rationalen und analytischen Art vor allem in unübersichtlichen Situationen die Ruhe behält. Trotz seiner jungen Jahre hat er bereits einige Erfahrungen gesammelt, welche er aktiv für seine persönliche Weiterentwicklung nutzt. Einen Teil dieser Erfahrungen teilt er mit den Lesern dieses Werkes.

Vorwort

Sehr geehrte Leserinnen und Leser,

in Zeiten von Digitalisierung und rasantem technischen Fortschritt werden unsere menschlichen Kompetenzen und Fähigkeiten auf die Probe und zunehmend infrage gestellt. Wir haben uns als Spezies und als Individuen zu fragen, welche Rolle wir in einer sich verändernden Welt spielen möchten und müssen uns flexibel an die dynamischen Rahmenbedingungen anpassen können.

Wenn wir als Einzelne dauerhaft mit den Maschinen und einer künstlichen Intelligenz mithalten möchten, dann müssen wir begreifen, dass wir nie ausgelernt haben. Weiterbildung wird zu einem integralen Lebensbestandteil über das gesamte Berufsleben. Somit werden auch Prüfungen immer mehr zu unserem Arbeitsalltag gehören. Wir müssen schlicht und ergreifend nachweisen, dass wir zu den Maschinen noch Mehrwerte bieten und uns gleichzeitig noch gegen menschliche Mitbewerber behaupten.

Die entscheidende Frage wird sein, wie es ein Mensch schafft, ein „Leistungsdenker" zu werden. Der titelgebende Terminus illustriert den Zusammenhang zwischen kognitiven Prozessen und dem Leistungssport, auf dessen Disziplinen die persönliche Potenzialerschöpfung exemplarisch subsumiert wird. „Wie erreiche ich es, meinen individuellen Wert durch mentale Stärke und individuelles Handeln zu maximieren?" ist die zentrale Frage dieses Werkes.

Diese Frage beschäftigt mich schon eine geraume Zeit. Ich wage zu behaupten, dass ich schon immer intuitiv dazu in der Lage war, aus meinen Möglichkeiten zufriedenstellende Leistungen zu erbringen und damit Anerkennung zu ernten. Ich habe mich aber lange Zeit gefragt, welche greifbaren Argumente hinter meiner Intuition stehen. Warum konnte ich eine Einstellung entwickeln, um ein Abitur von 1,0 zu erreichen? Unter welchen persönlichen Voraussetzungen konnte und kann mein Gehirn zu Höchstleistungen auflaufen?

Ich bin der festen Überzeugung, dass wir in Zukunft zunehmend kognitiven Prüfungen ausgesetzt sein werden und uns profilieren müssen, um uns in dieser Welt des Wandels zu behaupten. Meine Antwort auf die Frage nach dem Erfolg stellt dieses Buch dar, eine Sammlung aus Erfahrungen und Erkenntnissen. Ich sage ganz deutlich, dass dies meine eigene Meinung ist und jeder andere sich oppositionell zu den Gedanken positionieren kann – solange er oder sie sich fundierte Gedanken über die Sachverhalte macht. Wichtig ist mir nur, dass Sie überhaupt eine Position einnehmen!

Ich habe für mich persönlich viel aus meinem Hobby, dem Sport im Allgemeinen, gelernt. Daher möchte ich (fast) jedes Kapitel mit Beispielen aus der Welt des Sports metaphorisch untermalen. Die Botschaft hinter der Geschichte ist jedoch stets erkennbar und die Beispiele sind aus diesem Grund stets einfach und allgemein gehalten.

Trotz der Ernsthaftigkeit der Thematik ist die Geschichte hinter meiner Inspiration zur Verfassung dieses Werkes recht amüsant. Im vergangenen Sommer war ich mit meinen besten Freunden aus der Schulzeit in einem gemeinsamen Urlaub in Italien am Mittelmeer. Wie es in den Sommermonaten üblich ist, haben wir tagsüber Ausflüge unternommen und saßen abends bei angenehmen Temperaturen lange auf dem Balkon und haben uns unterhalten. Irgendwie kam es dazu, dass ich in Anlehnung an (teilweise dubiose) Fernsehsendungen meinen Freunden zur Unterhaltung angeboten habe, ihnen entweder eine Frage zu beantworten oder eine Botschaft mit auf den Weg zu geben. Aufgrund der Tiefgründigkeit meiner Aussagen kam es dazu, dass ich eine Zeit lang ihnen jeden Tag eine Botschaft habe zukommen lassen. Da mir dies allerdings auf Dauer zu langatmig und improvisiert wurde, habe ich beschlossen, als ultimative Lösung eine Lektüre mit meinen persönlichen Lebensansichten zu verfassen. Die Idee war, meine tiefgründigen Gedanken mit der Welt zu teilen, weil diese über Jahre gereift sind. Aus diesem Grunde interessiert mich auch

Ihre persönliche Meinung und ich bin über die Resonanz zu den einzelnen Themen sehr gespannt.

Das Buch ist in vier Abschnitte unterteilt, welche grob folgende Themen behandeln:

- Training für das Gehirn: Wie bereite ich mich auf große kognitive Aufgaben vor und welche Mentalität muss ich in der Vorbereitung entwickeln?
- Held des Alltags: Wie sollte ich an diese Aufgaben herangehen und woraus sollte ich mein Selbstvertrauen ziehen?
- Ihr Marktwert: Auf welchen ethischen und philosophischen Hintergedanken fußt mein Selbstvertrauen? Wie weit kann es mich bringen?
- Über das Leben: Ein philosophischer Ausflug auch über den Tellerrand des Sports hinaus…

Insgesamt umfasst dieses Werk 50 Kapitel, die mehr oder weniger unabhängig voneinander gelesen werden können. Sie werden an einigen Stellen hängen bleiben und die Tragweite der Worte nachvollziehen müssen, teilweise werden sie die Aussagen kritisch hinterfragen. Sie lesen keinen Roman, sondern einen Denkanstoß zum Leben mit den persönlichen Erfahrungen eines Menschen.

Ich wünsche Ihnen viel Spaß beim Nachdenken!

Ihr

Tobias Breidenbach

1. Abschnitt:

Training für das Gehirn

1   Haben Sie Vorbilder!

Meiner Meinung nach ist das Wesen eines Menschen das Ergebnis aus der Gesamtheit aller Erfahrungen, die er im Umgang mit seinen Mitmenschen gemacht hat und tagtäglich macht. Unser Wesen befindet sich demnach in einem permanenten Wandlungsprozess. Die Dynamik des Lebens geht an keinem Individuum spurlos vorbei und aus diesem Grund sollte jede Person versuchen, sie positiv für sich zu instrumentalisieren.

In unserer Kindheit lernen wir besonders viel von unseren Eltern. Die Werte, welche wir über das Elternhaus vermittelt bekommen, werden allgemein unter dem Begriff der „Erziehung" subsumiert. Unser Entwicklungsprozess setzt sich im Kindergarten und in der Schule fort und spätestens mit dem Schulabschluss gilt das Individuum als erzogen und befähigt, Aufgaben des Lebens autark zu bewältigen.

Werte, die in der Erziehung vermittelt werden, erwachsen aus einem allgemeinen gesellschaftlichen Konsens, der zumeist aus der jahrhundertelangen Weiterentwicklung einer bestimmten Kultur hervorgegangen ist. Ich möchte an dieser Stelle nicht auf die verschiedenen Kulturen eingehen – ich möchte aber darauf hinweisen, dass Erziehung stets auf eine Konformität und Integrität des Individuums abzielt. Diese ist selbstverständlich für unsere Spezies überlebenswichtig, aber sorgt keinesfalls für eine individuelle Differenzierung. Erst durch den Wunsch nach dem „Anders-Sein" schafft es der Mensch, sich auch persönlich und individuell zu entwickeln, seine Interessen, Präferenzen und Stärken zu finden. Im Idealfall fördern die erziehenden Personen eben diesen Prozess, indem sie dem heranwachsenden Menschen Freiräume gewähren und Zugang zu persönlichkeitsbildenden Erlebnissen wie Hobbies gewähren.

Hobbies sind das Stichwort für die Kernaussage dieses Kapitels. Ich bin sportbegeistert. Meine Interessen erstrecken sich von Fußball über Trailrunning bis zum Motorsport. In jedem Spitzensport, den man verfolgt, hegt man gewisse Sympathien für Vereine oder

Teilnehmer. Wenn man versucht, die Mentalität eines Spitzensportlers auf seine eigene Lebenssituation zu transferieren, kann man von einem Vorbild sprechen. Um den Einfluss von Vorbildern auf die eigene Mentalität im täglichen Leben zu illustrieren, möchte ich an dieser Stelle zwei meiner Vorbilder aus dem Spitzensport und ihren Einfluss auf mein Wesen vorstellen.

Sebastian Vettel: Wer die Königsklasse des Motorsports ein wenig verfolgt, dem wird schnell auffallen, dass sich bei der Jagd nach Bestzeiten und Grand Prix-Siegen einiges um den Glamour dreht. Veranstaltungen werden sündhaft teuer inszeniert und Prominente schicken sich an, als Repräsentation ihres Wohlstandes sich zumindest einmal im Jahr im Fahrerlager blicken zu lassen. Die Formel 1 ist zu einem Statussymbol für die Reichen und Schönen vom Globus mutiert. Sebastian Vettel ist viermaliger Weltmeister – und in diesem ganzen Zirkus vor allem Mensch. Mir imponiert seine authentische, ehrliche und lockere Art. Ich persönlich wurde vor allem in der Schule aufgrund meiner exzellenten Noten immer sehr – um es mal modern auszudrücken – gehyped. Um meine Intelligenz und mein Wissen baute sich für meine Mitschüler eine gewisse Faszination auf, die ich schwer nachvollziehen konnte. Aus diesem Grund bin ich gerne wie Sebastian Vettel – demütig und bescheiden. Auch ich musste vor vielen Jahren lesen lernen, auch ich musste das Alphabet auswendig lernen und auch ich habe von Mathematik zum ersten Mal in der Vorschule gehört. Wir sind alle Menschen, die einmal klein angefangen haben und es gibt keinen Grund, seine Vergangenheit und seine (auch seelische) Heimat zu vergessen.

Niko Kovac: Als Fan von Eintracht Frankfurt tat es mir weh, als er seinen Abschied zum FC Bayern München ankündigte und ich war enttäuscht. Diesen Aufstieg ermöglichte er sich jedoch selbst aufgrund seiner außergewöhnlichen Mentalität. Ich habe nie solch einen zielstrebigen und disziplinierten Trainer gesehen, der sich gleichzeitig im Hinblick auf seine Ziele derart klar artikulieren kann. Seine Worte vor und nach dem DFB-Pokalfinale 2018, welches er mit der Eintracht gewann, werden mir für immer im Gedächtnis bleiben:

„Man muss daran glauben. Denn wenn man nicht daran glaubt, wird man es auch nicht schaffen. Dann denke ich, kann hier etwas passieren."

„Sie hatten alles – sie mussten nur noch gewinnen."

Diese Sätze führen mir vor Augen, dass ein Mensch mit dem nötigen Willen seine Ziele erreichen kann. In uns allen steckt etwas Besonderes, das wir bestmöglich für uns nutzen sollten. Auch ich möchte mich wie Niko Kovac im Alltag jederzeit klar ausdrücken und jede Herausforderung annehmen – mit dem Wissen, dass der Glaube an die eigene Stärke Berge versetzen kann.

Mittlerweile leben rund acht Milliarden Menschen auf unserem Globus. Die Möglichkeiten, Vorbilder zu finden, sind unbegrenzt. Die Kombination von Attributen all Ihrer Vorbilder formen Sie zu einem Individuum, das selbst eine Vorbildfunktion einnehmen kann. Vorbilder sind also der Kompass zu Ihrem Ich – zögern Sie nicht, sie zu suchen und ihre Verhaltensweisen zu adaptieren!

2   Disziplinieren Sie sich selbst!

Disziplin ist der Schlüssel zu einer akribischen, ganzheitlichen und individuell vollständigen Vorbereitung auf deine Aufgaben. Sie suggeriert uns Menschen das Gefühl, alles Nötige für die bevorstehende Herausforderung im Vorfeld unternommen zu haben und sorgt dafür, dass wir mit unseren Taten im Reinen sind. Somit ist die Disziplin vor einer Prüfung Teil dieser selbst, indem sie durch das Gefühl, das Richtige zu tun, ein konsistentes, konsequentes und selbstbewusstes Handeln evoziert.

Ich habe den Abschnitt über die Vorbilder bewusst an dem Anfang meiner Darstellung platziert, da ich mein Handeln oftmals aus ihrem Auftreten ableite. In diesem Kapitel führt mich dies zu Niko Kovac zurück. Ivica Olic, seines Zeichens ehemaliger Fußball-Bundesliga-Spieler und Nationalspieler Kroatiens, hat über seinen Landsmann und Weggefährten einmal sinngemäß folgendes gesagt: Bei Zusammentreffen der kroatischen Nationalmannschaft galt stets ab 23 Uhr Bettruhe. Die Spieler saßen zumeist in der

Lobby und haben Karten gespielt. Während die meisten Kollegen das Zeitlimit „kroatisch ausgelegt" hätten und noch zehn Minuten nach Eintreten der Bettruhe zusammensaßen, habe sich Niko Kovac immer fünf Minuten vor elf auf sein Zimmer zurückgezogen.

Dieses Verhalten des heutigen Trainers zeugt nicht nur von einer gewaltigen Portion an Professionalität, sondern auch von einer Selbstdisziplin, die ihresgleichen sucht. Obwohl die übergeordnete Instanz in Person des Trainers eine Vorgabe gemacht hat, haben die meisten Spieler als mündige Erwachsene ihren eigenen Willen durchgesetzt. Niko Kovac jedoch hat sich an die Vorgabe gehalten – und dadurch ist er meines Erachtens kein unmündiger Konformist, sondern eine Person, die sich im Sinne des Erfolges selbst diszipliniert und zielorientiert handelt. Er hat die Entscheidung, der Vorgabe seines Coaches zu folgen, bewusst getroffen.

Nun ist es selten so, dass wir für den Ernst des Lebens einen persönlichen Coach haben, der unseren Tagesablauf organisiert und uns Handlungsempfehlungen gibt. Diese Funktion müssen wir selbst übernehmen (zu diesem Thema an späterer Stelle mehr). Die persönliche Disziplinierung fängt dabei an, einen geregelten Tagesablauf zu haben und feste Uhrzeiten für die persönliche Vorbereitung auf anstehende Aufgaben zu etablieren. An Wochenenden während der Schulzeit oder vorlesungsfreien Tagen an der Universität stehe ich beispielsweise häufig gegen halb acht in der Früh auf und starte entspannt in den Tag. Mein Ziel ist es, mit meinen Aufgaben um neun Uhr zu beginnen.

Die genaue Planung meiner Lernzeiten in der Freizeit gibt mir die Möglichkeit, diese zu quantifizieren und meinen Arbeitsaufwand einzuschätzen. Ich orientiere mich in aller Regel daran, bis zum Mittagessen alle wichtigen Aufgaben erledigt zu haben und danach lediglich zusätzliche Impulse zu setzen. Den Rest des Tages gebe ich mir frei.

Natürlich kommt es hin und wieder vor, dass man sich an seine eigenen Vorgaben nicht vollständig hält. Gerade in Zeiten von Social Media sind die Ablenkungsmöglichkeiten vielfältig oder es können schlichtweg private Angelegenheiten dazwischenkommen. Meiner Meinung nach kann es ab und zu auch einmal wertvoll sein, sich mit anderen Themen zu beschäftigen als mit dem täglichen Brot, um den eigenen Horizont zu erweitern und Probleme allgemein auch aus anderen Blickwinkeln sehen zu können. Zeit mit Freunden beispielsweise kann oftmals reicher sein als eine „Trainingseinheit" im Lehrbuch.

Es ist allerdings wichtig, seine persönlichen Vorgaben zu haben und sich grundsätzlich an diese zu halten. Bei dem Verfolgen eines Zieles sorgen sie dafür, dass der Weg gut bestreitbar ist und übernehmen gleichzeitig eine Art Kompassfunktion zur mentalen Trainingssteuerung. Sie müssen davon wegkommen, Disziplin als belastenden Faktor für Ihr Wohlbefinden zu sehen! Disziplin sollte vielmehr als Möglichkeit wahrgenommen werden, seine persönliche Leistungsfähigkeit zu steuern, langfristig zu steigern und darüber hinaus bewusst Zeit für Familie, Freunde und andere schöne Dinge des Lebens einzuplanen. Disziplin ist nur in den Augen von dem schlecht, der es nicht schafft, sich selbst zu disziplinieren und die Vorgaben von anderen benötigt!

3 Haben Sie Respekt vor Ihren Aufgaben!

Jeder Fußballfan in Deutschland kennt die Faszination des DFB-Pokals. In jedem Spiel geht es um nicht weniger als um das Überleben in diesem Wettbewerb – eine einzige Niederlage und der Traum vom Titelgewinn ist ausgeträumt. In der ersten Runde dieses Wettbewerbs kommt es dabei immer zu dem Duell „David gegen Goliath" und nicht selten müssen dabei große Favoriten die Segel streichen, während die Kleinen die Sehnsucht nach der Sensation stillen können.

Aber warum sind sportliche Herausforderungen nicht rational zu bewältigen, warum setzt sich nicht stets der objektiv von den Fähigkeiten her Stärkere durch? Ich möchte im Folgenden diese Problematik aus der Sicht des Stärkeren erläutern.

Psychologisch gesehen ist der Schwächere meiner Meinung nach stets im Vorteil, da die Öffentlichkeit keinen Erfolg von ihm erwartet. Seine intrinsische Motivation, sich selbst und der restlichen Welt seine eigentliche Stärke zu präsentieren, ist per se hoch. Aus diesem Grund scheint er nicht den Erwartungen der Öffentlichkeit verpflichtet, sondern ausschließlich sich selbst. Es ist möglich, die eigene Kraft einzig und allein vorwärts auf die Zielerreichung zu richten bei einem geringen Druck. Dies sind optimale Voraussetzungen, um in einem objektiv ungünstigen Rahmen als schwächerer über sich hinauswachsen zu können.

Auf der Gegenseite ist der Favorit, der Stärkere. Jeder erwartet von ihm den Sieg. Obwohl die Ständegesellschaft schon lange Geschichte ist, wird in diesem Kontext der Begriff „standesgemäß" gerne verwendet. Psychologisch gesehen ist er im Nachteil, da er zunächst mehr zu verlieren hat als zu gewinnen. Es geht schlichtweg um seine Position als stärkerer. Der Fokus ist nicht auf das Gewinnen ausgerichtet, sondern auf die Vermeidung einer Blamage. Diese Gedanken gepaart mit einer gewissen Bequemlichkeit, können für Favoriten fatal sein: Da ich mich sonst mit stärkeren Gegnern messe, müsste ein geringerer Aufwand zum Erreichen meines Zieles möglich sein. Ich muss lediglich so viel machen, dass ich dieses leichte Hindernis überwinden kann... ein oft folgenschwerer Trugschluss.

Die „Profis" orientieren sich also aus Angst vor der Niederlage an dem schwächeren Gegner, schöpfen dementsprechend ihr Leistungspotenzial nicht vollständig aus – während die „Amateure" über ihrem eigentlichen Niveau spielen. Sensationen können so einfach sein.

Aber Moment mal: Wieso können die Schwächeren denn nun besser sein als in ihrem Alltag? – Auch bei ihnen liegt es an der Bequemlichkeit. Das ganze Jahr bekommen sie in ihrer Liga suggeriert, ein gewisses Niveau zu haben, sie hinterfragen dies nicht und richten ihre Ambitionen danach aus.

Dies führt mich zurück zu einem Aspekt aus Kapitel 1 – das Denken bestimmt das Handeln. Gleichzeitig komme ich damit zu meiner Botschaft für das Leben: Orientieren Sie Ihre Anstrengungen nicht an der Aufgabe, sondern an Ihrem persönlichen Leistungslimit. Wer niemals alles gibt, wird niemals erfahren, zu was er zu leisten imstande ist. Für eine (scheinbar) leichte Aufgabe bereite ich mich genauso intensiv vor wie auf eine schwierige. Mein Ertrag ist nicht mehr und nicht weniger als das Optimum in dem mir zur Verfügung gestellten Rahmen. Der Respekt vor unseren täglichen Aufgaben ist ein wichtiger Schritt, um eine Mentalität zu entwickeln, die auf uns selbst abzielt und uns als Individuen vollständig zur Entfaltung bringt. Außerdem nimmt es uns eine gehörige Portion Druck von den Schultern: Wenn ich mich ausschließlich auf mich selbst und mein persönliches Handeln konzentriere, dann kann ich mir nichts vorwerfen lassen. Ich komme gar nicht erst in die Situation, etwas verlieren zu können, weil ich meine Leistung als Variable optimiert habe. Würden sich auch die Fußball-Profis an diese Maßgabe halten, gäbe es im DFB-Pokal einige Überraschungen weniger...

4   Seien Sie Ihr eigener Coach!

In nahezu jeder Mannschaftssportart gibt es eine Person, welche die gemeinsame Vorbereitung auf eine Herausforderung koordiniert. Der Trainer ist eine Führungskraft, welche den Weg zur Zielerreichung vorgibt und dementsprechend für das Ergebnis – den Erfolg oder Misserfolg – einsteht. Jeder Übungsleiter entwickelt eine eigene Philosophie, wie er seine Schützlinge systematisch verbessern möchte. Diese Philosophie erstreckt von sachlichen Trainingsinhalten, über die Trainingsmethodik bis hin zu dem Führungsstil – wie der Coach seiner Mannschaft gegenüber menschlich auftritt. Es gibt dabei verschiedene Ansätze, eine Mannschaft zu führen. Da bekanntlich viele Wege nach Rom führen, möchte ich an dieser Stelle meine Wahrnehmung der Führungsstile der Fußballtrainer Pep Guardiola und Jürgen Klopp vorstellen – beide haben in ihrer Trainerkarriere mit verschiedenen Stilen unter anderem die Champions League gewonnen.

Pep Guardiola: Der gegenwärtige Coach von Manchester City ist ein absoluter Perfektionist. Er hat den Ballbesitzfußball, das „Tiki-Taka", geprägt wie kein zweiter und möchte seine Spielidee immer weiterentwickeln. Seine Mannschaften zeichnen sich durch eine hohe Ballsicherheit aus, welche sich in einem dominanten Spielstil ausdrückt. Guardiola ist von seiner Idee überzeugt, er verlangt von seinen Spielern, dass sie ihm bedingungslos folgen – im Gegenzug stellt er sich hinter sie wie ein sorgender Vater.

Jürgen Klopp: Sowohl in Dortmund als nun auch in Liverpool ist der Deutsche für seinen Powerfußball berüchtigt. Die überfallartigen Angriffe seiner Mannschaften, das hohe Tempo und die Leidenschaft, die sich in dem Spielstil widerspiegelt, sind Markenzeichen eines emotionalen Trainers. Jürgen Klopp ist ein Menschenfänger, der seine Spieler für seine Idee von Fußball begeistert. Er tritt ihnen gegenüber wie ein Freund auf und sagt klar seine Meinung. Für ihn geht Leidenschaft vor Perfektion, da er sich als absolut bodenständiger Mensch der Unvollkommenheit des Menschen bewusst zu sein scheint.

Ich persönlich halte von diesen beiden Trainern sehr viel. An Guardiola fasziniert mich vor allem dieser Wunsch nach Perfektion, diese Akribie in der eigentlich hoffnungslosen Suche nach Unendlichkeit. Jürgen Klopp ist einfach beeindruckend, weil er ein Exempel dafür ist, was man mit Begeisterung für eine Aufgabe alles erreichen kann.

Was können wir aber für unser tägliches Leben daraus lernen? – Auch wir sollten unsere eigenen Coaches sein. Wenn ich zum Beispiel für verschiedene Hochschul-Klausuren lerne, dann geht es auch um nichts anderes, als meinen eigenen Stil weiterzuentwickeln. Lerne ich auswendig, dann bin ich mir selbst gegenüber streng. Hartes Grundlagentraining soll zu kalkulierbarem Erfolg führen. Bin ich dagegen in der Vorbereitung recht liberal, lese gerne mal Texte über den Tellerrand hinaus, dann gewähre ich mir selbst größere Freiheiten. Dies ist mit Chancen und Risiken verbunden: Auf der einen Seite habe ich die Möglichkeit, mit meinem zusätzlichen Wissen zu glänzen, aber auf der anderen Seite kann ich gegebenenfalls nicht auf einen harten Kern an Informationen zurückgreifen.

Das Stichwort ist in diesem Fall Vertrauen. Jeder Trainer muss seiner Mannschaft vertrauen können, um seinen Spielern Freiheiten zu gewähren. Guardiola macht das in einem vorgegebenen System, Jürgen Klopp auf Basis einer verbindenden und verbindlichen Idee. Wenn ich selbst ein großes Vertrauen in mich, meine Intelligenz und meine Kreativität habe, kann ich häufig auf das ermüdende Auswendiglernen verzichten und meinen Fokus mehr auf eine breite, ganzheitliche Vorbereitung legen.

Abschließend sei jedoch angemerkt, dass der Führungsstil gegenüber sich selbst ein langfristiger Entwicklungsprozess ist, der niemals abgeschlossen sein sollte. Zunächst müssen Sie ein sicheres Fundament schaffen und den Erfolg durch strenges Training herbeiführen. Haben Sie das erreicht, können Sie beginnen, das Training systematisch zu variieren und neue Inhalte sowie Methoden in Ihre Routine zu implementieren. Somit perfektionieren Sie mit der Zeit Ihren eigenen Stil, sich auf Aufgaben vorzubereiten und schaffen es, eine Individualität in Ihre Vorbereitung zu integrieren. Ihrer Fantasie sind bei dem Ausprobieren verschiedener Taktiken keine Grenzen gesetzt!

5   Seien Sie Ihr eigener Jäger!

Usain Bolt ist eine Legende der Leichtathletik. Sein Weltrekord über die 100 Meter in 9,58 Sekunden scheint nicht von dieser Welt zu sein und hat das Potenzial, als „Rekord für die Ewigkeit" zu gelten. In seinen stärksten Jahren spielte Bolt geradezu mit seinen Gegnern – regelmäßig konnte er sich den Luxus gönnen, bereits mit ausgebreiteten Armen über die Ziellinie zu laufen.

Für mich war irgendwann klar, dass es nicht mehr die Gegner waren, mit denen er sich beschäftigte, sondern sein eigenes Denkmal. Er schickte sich an, immer ein Stück weit erfolgreicher zu sein als sein gestriges Ich. Das Gefühl, Olympia-Sieger und Weltmeister zu sein, reichte ihm nicht. Er wollte immer weiter gewinnen und seinen Lebenslauf an sportlichen Erfolgen weiter schmücken. Dieser Mann hat es geschafft, in seiner Disziplin so überlegen, geradezu unschlagbar, zu sein, dass sein letzter verbliebener Gegner er selbst war. Es ist bezeichnend, dass über lange Jahre seine einzige Niederlage bei einem Großereignis ein Fehlstart bei der Weltmeisterschaft in Daegu war. Bei der Jagd nach seinen eigenen Rekorden hatte er den Bogen einmal überspannt.

Unter dem Strich hat diese Mentalität seinen Weg zur Legende geebnet. Als er nach Peking und London zweimaliger Dreifach-Olympia-Sieger war, war ihm das nicht genug. Sein Selbstwertgefühl wurde immer noch von dem Traum gesteuert, dass „Triple Triple" zu erreichen. Für die einen mag es Rastlosigkeit sein, das Unglück niemals fertig und zufrieden sein zu können. Meiner Meinung nach hat eben diese Einstellung Usain Bolt zu einem der größten Sportler aller Zeiten gemacht. Er war sich durchaus sicher, was er bereits erreicht hat und ich bin fest davon überzeugt, dass es ihn auch stolz gemacht hat – daraus hat er sicherlich auch einen Teil seines unübersehbar großen Selbstvertrauens gezogen. Mit dem Verlangen nach mehr, mit dem permanenten Jagen seines gestrigen Ichs und seiner Rekorde hat er sich in den Status eines Einzigartigen gehievt, was in dem elitären Kreis dieser Ausnahmesportler nahezu unglaublich ist.

Wenn ich mich also auf eine Herausforderung vorbereite, dann ist der Maßstab für mein Training mein gestriges Ich. Das Prinzip dahinter ist ganz einfach: Wenn ich gestern zwölf Kilometer gelaufen bin, möchte ich heute dreizehn schaffen… wenn ich zehn Kilometer gestern in 40 Minuten zurückgelegt habe, möchte ich diese Zeit heute unterbieten… wenn ich in der letzten Klausur eine zwei geschrieben habe, soll es nächstes Mal eine eins sein.

Es ist vollkommen klar, dass es keinen Menschen gibt, der jeden Tag seine Leistung in gleicher Form abrufen kann und schon gar nicht, dass er sich jeden Tag im Ergebnis steigern kann. Ich bin aber fest davon überzeugt, dass eine konsequente und zielgerichtete Ausrichtung am gestrigen Ich, dieses zu übertreffen, Sie immer langfristig gesehen stärker machen wird.

Ein Beispiel aus der Welt der Prüfungen: Nehmen wir an, Sie haben in einer Klausur 90 % erreicht. Ein hervorragendes Ergebnis! Es fehlen allerdings zehn Prozent... an welchen Stellschrauben müssen Sie drehen, um genau diese zehn Prozent beim nächsten Mal auch abzuschöpfen? Wenn Sie sich darauf konzentrieren, Ihr gestriges Ich zu überbieten, dann werden Sie das bei zielorientiertem Handeln auch mit einer großen Wahrscheinlichkeit schaffen. Dies ist ein wichtiger Schritt, um langfristig Ihr Leistungsmaximum zu erreichen.

6   Übertreffen Sie sich selbst!

Während es in dem letzten Kapitel mehr darum ging, sich selbst und seine Ergebnisse im Blick zu haben bei der Vorbereitung, dreht sich dieser Abschnitt vielmehr um das Training selbst. Wie schaffe ich es, geradezu spielerisch meine Motivation und damit die Intensität zu erhöhen?

Als Einleitung in dieses Thema nun zum ersten Mal eine Geschichte aus meinem eigenen bescheidenen Sportler-Leben. Wie viele andere Deutsche auch, subventioniere ich (hauptsächlich passiv) eines der hiesigen Fitness-Studios. Für den Fall, dass ich mich einmal dorthin verirre, arbeite ich intensiv an Cardio-Geräten. Mein schmächtiger, leichter Körperbau begünstigt Ausdauersportarten, weshalb meine Interessen neben dem Fußball im Langstreckenbereich auf dem Gebiet der Leichtathletik liegen.

Wenn ich also nun beispielsweise auf dem Laufband trainiere, dann pendelt sich bei mir nach einiger Zeit ein bestimmtes Tempo ein. Auf dieser Basis kann ich hochrechnen, wie viele Kilometer ich bei gleicher Intensität bis zum Trainingsende zurücklegt haben werde. In den meisten Fällen ist dabei die nächsthöhere „magische Marke" nicht weit entfernt – ein voller Kilometer zum Beispiel. Wenn ich also weiß, dass ich bei gleichbleibendem Tempo am Ende eine zurückgelegte Entfernung von 12,8 Kilometern angezeigt bekommen würde, fange ich an zu überlegen, wie ich meine Geschwindigkeit nun steigern muss, damit am Ende die 13 Kilometer-Marke geknackt wird.

Wer jetzt denkt, dass ich eine Wahl habe, der irrt sich: In dem Moment, an dem ich an das Ziel denke, habe ich bereits beschlossen, dass ich es verfolgen werde. Ich werde den Zahlenregler an dem Laufband so hochdrehen, dass am Ende die Zahl dort stehen wird, die ich mir wünsche. Gleichzeitig ebnet dies den Weg zu dem Aspekt, welchen ich im letzten Kapitel bereits angesprochen habe. Beim nächsten Mal werde ich natürlich meine Leistung bestätigen wollen – aus diesem Grund gehe ich mein Training sofort in einem höheren Tempo an. Dies eröffnet mir allerdings die Chance, die nächste „magische Marke" zu erreichen... und schon ist die Entscheidung wieder gefallen.

In der Vorbereitung auf eine schriftliche Prüfung in der Schule oder Universität habe ich mir bisher immer eine Zusammenfassung erstellt, welche die wesentlichen Punkte des Themas bündelt. Diesen Stamm an Informationen lerne ich besonders gut, um auf Basis eines Wissensfundamentes qualifiziert argumentieren zu können.

Im Laufe der Vorbereitung finde ich immer mehr Quellen, welche ich als wichtig erachte und in mein Wissensfundament integrieren möchte. In meine tägliche Lernroutine werden diese also sukzessive aufgenommen und damit nach und nach mein Lernpensum gesteigert. Die Obligation mir selbst gegenüber, niemals weniger, aber meistens mehr als am Vortag zu investieren, bringt mich dazu, meine Arbeitsvolumina zu steigern, ohne es besonders wahrzunehmen. Hinzu kommt der Aspekt, dass die älteren Informationen durch den Fokus auf das Neue mit der Zeit selbstverständlich werden und sich im Unterbewusstsein, dem Langzeitgedächtnis einbrennen.

Es ist allerdings auch wichtig zu erwähnen, diese Fähigkeit, sich selbst stets steigern zu wollen und zu können, nicht zur Selbstausbeutung verkommen zu lassen. Es kann auch ein Fortschritt sein, die richtige Zeit für Pausen zu identifizieren. Zu dem Aspekt, eine Vorbereitung ganzheitlich zu sehen, soll an späterer Stelle mehr erzählt werden.

7   Die positive masochistische Ader

3,86 Kilometer schwimmen, 180,2 Kilometer Fahrrad fahren und zu guter Letzt 42,195 Kilometer laufen. Während sich die Disziplinen für einen Hobbysportler schon einzeln nach Torturen anhören, sind sie für einen Ironman erst in Kombination herausfordernd. Quasi einen ganzen Tag lang gehen diese Sportler an ihre Leistungsgrenze – und dies teilweise gerne noch mitten im Sommer bei tropischen Temperaturen oder erst recht auf der berüchtigten Strecke von Hawaii.

Aber wieso setzt sich ein Sportler derart gerne Qualen aus, welche über Stunden andauern? Kein Mensch kann diese unmenschlichen Distanzen überwinden, ohne seine physischen Grenzen auszutesten. Wir sind nicht dafür geschaffen, Leistungen zu vollbringen, welche die Funktionsweise einer Maschine erfordern.

„Der Schmerz vergeht, der Stolz bleibt", sagen viele Extremsportler über ihr extravagantes Hobby. Das Gefühl, alles investiert zu haben und einem bestimmten Ziel sogar das körperliche Wohlbefinden untergeordnet zu haben, empfinden viele Sportler als sehr befriedigend. Sie spüren eine grenzenlose Genugtuung, wenn sie das scheinbar Unerreichbare möglich machen. Es ist tatsächlich so: Wer sich derart selbst quälen kann, dass er ein scheinbar überdimensional großes Ziel erreicht, der ist etwas Besonderes. Diese Person ist in der Lage, Kräfte zu mobilisieren, von denen andere nie erfahren werden, dass sie diese überhaupt besitzen. Wahrscheinlich ziehen Ironman gerade deshalb aus dem Moment des Schmerzes heraus neue Kraft: Ich bin hier und kann eigentlich gar nicht mehr, aber ich bin noch da und laufe weiter... und niemand kann mich aufhalten. Während Schmerz im originären Sinne eine Beeinträchtigung darstellt, ist er für viele Sportler ein Zeichen der Freiheit – die Bestätigung, dass sie die Gesetze des eigenen Körpers überwinden können.

Auch ich habe die Faszination der Qual für mich selbst entdeckt. Beim Trailrunning in den Bergen werden weite Strecken und unvorstellbar viele Höhenmeter in Kombination zu einer ultimativen

Herausforderung für den Abenteurer in mir. Als Straßenläufer muss ich selten Widerstände überwinden, was ich häufig als langweilig empfinde. Erst im Gelände bei schwierigen Bedingungen und viel längeren Strecken als ich es von zuhause gewohnt bin, sehe ich, zu was ich wirklich zu leisten imstande bin und das Erkennen meines tatsächlichen Potenziales erfüllt mich mit großem Stolz – noch dazu in dem Wissen, dass ich gerade meinen „inneren Schweinehund" besiegt habe.

Ist es nicht ein gutes Gefühl zu wissen, dass sich lästige Arbeit mit dem nötigen Einsatz bewältigen lässt? Fühlen Sie sich nicht auch irgendwie besser, wenn Ihr Kopf vor lauter Denksport raucht und Sie wissen, dass Sie richtig viel investiert haben? – Es ist wie bei einem Zahnarztbesuch: Es ist nervig und natürlich kann es auch einmal weh tun, aber hinterher fühlen Sie sich gesünder und stärker.

Ich rufe nicht dazu auf, Spaß am Pauken vorzuspielen. Das ist sowieso nicht glaubwürdig und letztendlich nicht das Ziel. Vielmehr sollten Sie Interesse an dem übergeordneten Thema Ihrer Aufgabe entwickeln und sich dafür begeistern können, ein großes Arbeitspensum leisten zu können. Die Fähigkeit zu entwickeln, über den Selbstzweck der Arbeit einen Zugang zu diszipliniertem, zielorientiertem und fleißigem Handeln zu erlangen, ist ebenso wichtig wie die Sinnhaftigkeit hinter dem eigentlichen Thema. Eine noch so spannende Aufgabe in ihren kreativen Elementen kann niemals zufriedenstellend bearbeitet werden, wenn ich es nicht schaffe, mich für das Erlernen der trockenen Theorie zu begeistern.

Entwickeln Sie also keinen Spaß an der trockenen Theorie, sondern an Ihrer Fähigkeit, sie sich dennoch aneignen zu können. Wenn Sie Ihre intrinsische Motivation nicht über den Inhalt herstellen können, dann über die Tatsache, dass Ihr innerer Antrieb diesen Malus heilen kann.

8   Seien Sie detailverliebt!

Eines der Erfolgsgeheimnisse des Fußball-Trainers Pep Guardiola ist, wie in Kapitel 4 bereits angedeutet, seine Liebe zum Detail bei der Perfektionierung seiner Spielidee. Nichts dem Zufall überlassen zu wollen bedeutet, einen bestimmten Erfolg zu planen. Da Menschen im Alltag jedoch unzählige individuelle Entscheidungen zu treffen haben, die alle in irgendeiner Form die Kontinuität des weiteren Zusammenlebens mitbestimmen, kann niemals jede Entscheidung geplant und antizipiert werden und somit der Verlauf einer Herausforderung oder eines Wettbewerbs vorausgesehen und in eine ganz bestimmte Richtung beeinflusst werden.

Ich habe einmal gelesen, dass Pep Guardiola seinen Spielern im Training gewisse Laufzonen vorgegeben hat, in denen sie sich ausschließlich bewegen durften. Damit wollte er bezwecken, dass sein Spielsystem und die dafür vorgesehene Raumaufteilung möglichst effektiv im Unterbewusstsein seiner Spieler abgespeichert werden. Mathematisch gesehen bewegt sich der Perfektionist also in Grenzwerten: Idealerweise möchte er gar keine Zonen vorgeben, sondern für die Spieler konkrete Laufwege entwickeln, die er selbst als optimal erachtet. In der Praxis ist es jedoch so, dass handelnde Personen in Entscheidungssituationen noch Entscheidungsspielraum benötigen, um auf sich verändernde Umweltsituationen reagieren zu können. Guardiola versucht also durch die Limitierung des Bewegungsradius den Entscheidungsspielraum für seine Spieler so einzugrenzen, dass sie automatisch im Sinne seines vorgegebenen Spielsystems handeln. Gleichzeitig probiert er den Spagat zwischen Detailversessenheit und Flexibilität, um nicht planbare Umstände – wie beispielsweise Reaktionen von Gegenspielern – bewältigen zu können.

Nicht vergessen werden darf in der gesamten Thematik die Individualität. Beim FC Barcelona beispielsweise hat Guardiola mit Lionel Messi zusammengearbeitet, einem der besten Fußballer aller Zeiten. Die Fähigkeiten eines Weltklasse-Spielers können erst dann vollständig zur Geltung kommen, wenn ihm Freiheiten gewährt werden – so zu handeln, wie es sonst keiner kann – um in dem Wettbewerb den Unterschied zu machen. Die Liebe zum Detail in der Arbeit eines Perfektionisten spiegelt sich also nicht nur darin wider, die eigene Planung zu perfektionieren, sondern gleichzeitig auch, sich für seine Aufgaben flexibel einzustellen und die Einzigartigkeit von Personen oder Aufgaben zu würdigen. Pep Guardiola hat mit dieser Einstellung bereits unzählige Titel als Trainer gewonnen und ich bin mir sicher, dass er den Weg des Erfolges auch bei Manchester City vorerst nicht verlassen wird.

Zurück zu dem Beispiel aus Kapitel 5: Wenn ich in der Schule eine Klausur mit 90 % geschrieben habe, dann fragte ich mich oft, wie ich beim nächsten Mal noch die restlichen zehn Prozentpunkte erreichen konnte. Dies ging so weit, dass ich in Vorbereitung auf die nächsten Aufgaben, meine Fehler (oder die Dinge, welche ich nicht beachtet hatte) vom letzten Mal analysiert habe, um sie bei der bevorstehenden Aufgabe definitiv zu beachten. Dahinter stand logischerweise der Wunsch, meine Ergebnisse weiter zu optimieren.

Mit der Zeit wurde mir allerdings klar, dass keine Herausforderung einer anderen gleicht und ich mir deshalb für die Optimierung meines Lernzieles alternative Strategien ausdenken musste. Ich durfte mich nicht nur in den Details für eine Aufgabe verlieren, sondern musste Lösungen für viele verschiedene mögliche Prüfungssituationen entwickeln. Gegen Ende meiner Schulzeit hatte ich also für mich persönlich ein ganzes Portfolio an Herangehensweisen für viele verschiedene Aufgaben erarbeitet – meine Flexibilität war nahezu maximal und Lösungsansätze für Probleme fast immer vorhersehbar.

Gleichzeitig musste ich aber auch bedenken, dass jede neue Frage auch neue Hintergründe impliziert. Ich musste mich also auch freimachen von den Gedanken, alles planen zu können und einen vorgezeichneten Weg zum Erfolg zu beschreiten. Aber: Das Vorwissen, Probleme lösen zu müssen und die frühere Bestätigung, Problemlösungsfähigkeiten zu besitzen, bereiten selbst auf diese Königsdisziplin gut vor. Das Stichwort Selbstvertrauen ist in diesem Kontext entscheidend.

Tauchen Sie also in Details für einzelne Themen ein, weiten Sie den Blick und entwickeln Sie ein breites Lösungsspektrum und - als krönende Pointe – behalten Sie eine Offenheit für neue komplexe Herausforderungen!

9   Ihr Wissen ist ein ganzheitliches Projekt!

Ein Leistungssportler verbringt für gewöhnlich eine bestimmte Zeit seiner Vorbereitung auf ein Großereignis in einem Trainingslager. Hier werden konditionelle Grundlagen gelegt, Wettkämpfe simuliert und konkrete Strategien erarbeitet. Der gesamte Tagesablauf ist dabei auf die Aufgabe ausgerichtet – sowohl Belastungs- als auch Regenerationsphasen werden im Vorfeld mit Kalkül ausgewählt und sollen zum Gesamterfolg beitragen.

Da man in der Vorbereitung zielgerichtet auf ein bestimmtes Ereignis hinarbeitet, ist die sorgfältige Abstimmung der einzelnen Schritte aufeinander und im Hinblick auf die Aufgabe von entscheidender Bedeutung. Ein Marathonläufer kann beispielsweise nicht an dem Tag vor einem Wettkampf noch einmal die volle Marathondistanz absolvieren – er würde zu viel Kraft für den entscheidenden Moment verschwenden.

Regeneration, der Blick über den Tellerrand und Freizeit sind also auch für Leistungssportler wichtige Komponenten, um in der Wettkampfsituation ihre beste Performance zu zeigen und unter dem Strich somit das optimale Ergebnis erzielen zu können. Es wird oftmals vergessen, dass nicht nur das Training entscheidend ist, sondern auch die Balance zwischen belastenden und entspannenden Aspekten, damit das Training überhaupt seine volle Wirkung entfalten kann.

Ich möchte damit keinesfalls zum Schlendrian aufrufen, sondern auf die Sinnhaftigkeit jeder einzelner Ihrer Taten in Vorbereitung auf eine große Herausforderung hinweisen. Wenn Ihr Gefühl Ihnen sagt, dass in einer anstrengenden Lebensphase ein gemütlicher Abend mit Freunden besser zu Ihrem Wohlbefinden beiträgt als sich ein Skript zum zehnten Mal durchzulesen, dann sollten

Sie darauf hören – denn niemand kennt Sie besser als Sie selbst. Auch die Zeit mit Freunden lässt Sie neben der Flucht aus dem Alltag Dinge erfahren, welche Ihnen für große Herausforderungen nützlich sein können – beispielsweise, indem Sie neue Vorbilder entwickeln oder Aktivitäten ausprobieren, die Sie sich sonst nie zugetraut hätten. Bevor mich ein Freund darauf aufmerksam gemacht hat, wäre ich zum Beispiel niemals auf die Idee gekommen, einmal Klettern an einem Felsen auszuprobieren. Ich wurde dabei vor Probleme gestellt, die ich mir als Koordinationslegastheniker nicht zugetraut hätte zu lösen. Aber ich musste sie bewältigen, wodurch meine Kreativität angeregt wurde und ich letztendlich den Felsen trotz meiner Hüftsteifheit erklommen habe.

Der Fußballprofi Marco Russ von Eintracht Frankfurt hat einmal sinngemäß gesagt, dass die Vorbereitung auf ein Bundesligaspiel fast schon autistische Züge annimmt. Abläufe werden minutiös geplant, bis es schließlich auf den Rasen geht und Showtime ist – erst dann werden die Fesseln der Planungssicherheit abgelegt. Es werden sogar Zeiten für Spaziergänge bewusst eingeplant, um die Spannung und den Fokus auf die bevorstehende Aufgabe punktgenau aufzubauen.

Auch Sie können ganzheitliche Projekte verfolgen – mit Ihren Lernzielen. Sie müssen auf den Punkt genau Ihre bestmögliche Leistung abrufen. Ihr Wissen sollte breit und tief gehend sein und Sie sollten in der Lage sein, geistige Transferleistungen zu erbringen. Dazu sollten Sie einen gesunden Mix aus belastenden Lernzeiten, spielerischen Zusatzeinheiten (zum Beispiel mit Hilfe alternativer Methoden wie Videos auf YouTube) und Entspannung in Ihr Programm etablieren. Ihre Planung sollte dabei auf das Ziel ausgerichtet sein und berücksichtigen, dass Sie in einem bestimmten Zeitraum das Erlernte wiedergeben und anwenden müssen. Ihr persönliches Befinden und Ihr Bauchgefühl spielen dabei eine wichtige Rolle: Jeder Schritt kann wertvoll für das Erreichen Ihres Zieles werden!

10 Studieren Sie Ihre Fehler!

Fehler sind dazu da, nur einmal begangen zu werden. Sie sensibilisieren uns für das Kompensieren unserer Schwächen. Die Fehleranalyse stellt den Hauptteil bei der Suche nach der Perfektion dar. In Zeiten der Digitalisierung ist die Fehleranalyse via Videoaufzeichnung zum integralen Bestandteil der Wettkampfvorbereitung geworden. Fußballer schauen sich alte Spiele noch einmal an und überlegen, was sie beim nächsten Mal besser machen können, Leichtathleten wie beispielsweise die Stabhochspringer analysieren ihre Sprünge und schließen daraus auf Verbesserungsmöglichkeiten ihrer Technik.

Wenn wir uns unseren Schwächen nicht stellen, dann werden wir unsere Stärken niemals vollständig entfalten können. In der öffentlichen Wahrnehmung liegt der Fokus zumeist auf den Fehlern – sie sind markant, diskutabel und machen uns letztendlich zu Menschen. Die Attraktivität unserer Fehler für andere ergibt sich aus der Tatsache, dass sie durch das Erkennen unserer Unzulänglichkeit uns als Menschen wahrnehmen.

Auf lange Sicht gesehen sind die Sportler erfolgreich, welche ihre Unvollkommenheit nicht vergessen und stets nach Verbesserung streben. Ein Beispiel für mich sind – auch wenn diesem Verein nicht meine Sympathien gehören – die Spieler des FC Bayern München. Sogar im Zeitpunkt des Erfolges wird regelmäßig Kritik geübt, wenn die Art und Weise des Auftretens nicht gänzlich überzeugend ist. Wer dies als überheblich oder kleinkariert erachtet, der irrt sich meiner Meinung nach. Um nachhaltig erfolgreich zu sein, muss ich auch im Moment des Triumphes Verbesserungsansätze identifizieren. Die Unterlegenen werden sicherlich mit allem in ihrer Macht stehenden versuchen, sich zu verbessern und die Lücke zu verkürzen. Wer sich nur in den Strahlen des Sieges sonnt, der wird seine Position schnell verlieren.

Zufriedenheit ist in diesem Zusammenhang nicht verboten. Sie soll aber vielmehr ein Stolz über die aktuelle Situation sein – ein Stolz, den ich nicht verlieren möchte, weil ich meine Fehler nicht kompensiere beziehungsweise sie immer wieder begehe. Die

Verbesserung von Fehlern ist die einfachste Form der persönlichen Weiterentwicklung.

Irgendwann hatte ich mir beispielsweise in der Schule einen Status aufgebaut, dass ich bei jeder Klausur im „sehr guten" Bereich landen würde…, wenn dies einmal nicht der Fall war, dann war das Aufsehen groß. Auf der einen Seite habe ich mich sehr geschmeichelt und geehrt gefühlt, auf der anderen Seite habe ich aus diesem Ansehen auch die Verpflichtung gezogen, diesen Status behalten zu wollen. Mir war klar, dass keine meiner Klausuren perfekt war, deshalb habe ich mich vor allem auf das konzentriert, was kritisiert wurde – nicht, weil ich mit meinen Ergebnissen einfach nicht zufrieden sein konnte. Dahinter steckte aus meiner Sicht eine einfache Rechnung: Wenn ich meine Fehler vom letzten Mal nicht wiederhole, können mir nur neue Fehler ein Bein stellen. Mit dem Verlauf der Zeit wurden meine Fehler minimiert, da ich immer mehr Erfahrungen gesammelt habe – die Wahrscheinlichkeit, einen neuen Fehler zu begehen, sank immer mehr und die Qualität meiner Klausuren nahm zu dem großen Ziel Abitur hin immer weiter zu.

Ihre Stärken sind einzigartig und avancieren zu einer Art Markenzeichen. Sie können aber erst bestmöglich zur Geltung kommen, wenn Sie systematisch die Störfaktoren in Ihrem Arbeitsergebnis beseitigen. Wer es schafft, dass die Aufarbeitung der eigenen Schwächen zu einer persönlichen Stärke wird, kann sich glücklich schätzen und sollte diesen Schatz durch Eigeninitiative behüten.

11   Lernen Sie auch aus Ihren Hobbies!

Nun verlasse ich einmal das Feld der Leistungssportler und berichte aus meinen eigenen Erfahrungen, die ich bisher außerhalb der Lehrinstitute für mein Leben gesammelt habe. Hobbies sind für mich nicht nur eine Möglichkeit, einmal von den Herausforderungen des Alltags Abstand zu nehmen. Ich finde auch, dass sie uns einiges in Sachen Moral und Einstellung lehren, was für unser ganzes Leben sinnvoll ist.

Ich spiele seit meinem sechsten Lebensjahr Fußball. Dass es nicht für die Profis reichen würde, war denke ich sehr schnell klar. Zu früh werden im Kindesalter die Grundlagen gelegt, um später als einer der besten, robustesten oder schnellsten Fußballer Deutschlands zu gelten. Mein Aktionsradius an Wettbewerben hat die hessische Landesgrenze nie überschritten.

Es sind dennoch elementare Dinge, die mich der Fußball für mein Leben gelehrt hat. Eine Sache davon ist der Kampfgeist. In kaum einer anderen Sportart wird dem Individuum derart eindrucksvoll vor Augen geführt, wie viel mit dem Glauben an die eigene Stärke und einem grenzenlosen Willen, niemals aufgeben zu wollen, selbst in aussichtslos scheinenden Situationen, erreicht werden kann. Nicht umsonst hat sich der Spruch etabliert, dass bestimmte Geschichten nur der Fußball schreiben kann. Unzählige Male habe ich mir schon bei Eintreten eines bestimmten Ereignisses „ausgerechnet…" gedacht und habe dann wieder eingesehen, dass im Leben nunmal alles möglich ist und man mit dem nötigen Kampfgeist sein Schicksal in die eigene Hand nehmen kann.

Das Schicksal hat aber kein Gedächtnis. Wer nicht dazu bereit ist, aus der sich ihm bietenden Situation das bestmögliche herauszuholen, der wird nicht einfach so mit Glück beschenkt. Das Pech kann sich manchmal seinen Weg bahnen und uns dann heimsuchen, wenn wir nicht damit rechnen, aber das Glück fliegt uns nicht einfach so zu. Das ist meiner Meinung nach nicht unfair, sondern geradezu wundervoll. Natürlich kann uns jederzeit etwas Schlechtes passieren, aber wir haben es selbst in der Hand, mit dem nötigen Einsatz und Willen das Blatt zu unseren Gunsten zu wenden. Wieso hat ausgerechnet Mario Götze Deutschland im Jahre 2014 zum Weltmeistertitel geschossen? Er saß in dem Endspiel lange auf der Bank, vermutlich etwas enttäuscht darüber, dass er nicht von Anfang an spielen durfte. Aber in dem Moment, als der Bundestrainer ihn eingewechselt hat, war für ihn klar, dass er in den verbleibenden Minuten sein Bestes geben würde, um zu einem Sieg für die Nationalmannschaft beizutragen. Der Rest ist Geschichte.

Der Weg des Lebens kann manchmal steinig und schwer sein. Für Schwarzmalerei ist allerdings auf Ihrem Lebensweg keine Zeit. Es kostet Sie nur Kraft, Ressourcen an pessimistische Gedanken zu verschwenden. Ihre Chance wird kommen – auch Sie werden mit dem nötigen Einsatz eines Tages vor dem Tor des Erfolgs stehen und müssen die Chance einfach nur noch nutzen. Mit der richtigen Einstellung im Gepäck werden Sie lernen, in brenzligen Situationen intuitiv das Richtige zu tun. Eine Fußballmannschaft, die zurückliegt, wird sich nicht zurückziehen können, um das Spiel noch zu gewinnen – sie muss in die Offensive gehen. Gegenwind auf Ihrem Weg zum Erfolg wird Sie nicht aufhalten, er macht Sie nur stärker. Allein Sie entscheiden darüber, ob Sie das Spiel des Lebens für sich entscheiden. Es kommt nur darauf an, was Sie bereit sind, dafür an Arbeit zu investieren!

12   Setzen Sie sich Etappen für ein großes Ziel!

Die Tour de France gilt als einer der härtesten sportlichen Wettkämpfe weltweit. Knapp drei Wochen jagen sich Radsportler tagtäglich durch ganz Frankreich, unter anderem auch über die Alpen und Pyrenäen. Schon die Zielankunft in Paris am letzten Tag ist ein Erfolg und der Gesamtsieger der Tour gilt als König des Radsports.

Auf dem Weg zu dem großen Ziel haben die Fahrer einzelne Teilabschnitte zu überwinden. Mehr als 3.000 Kilometer an einem Stück zu fahren, ist unmöglich. Der Rennkalender avanciert für jeden Teilnehmer zu einer persönlichen To-Do-Liste, die es unter großer Anstrengung abzuarbeiten gilt. Für jedes Rennen werden dabei neue Strategien entwickelt, um sich selbst und sein Team im Hinblick auf das übergeordnete Ziel optimal aufzustellen.

Die Vorteile von der Formulierung von Teilzielen sind, dass sie einen hohen Konkretisierungsgrad besitzen – also klar formuliert und realistisch erreichbar sind – und dass sie flexibel anpassbar sind, um auf dem Weg zum übergeordneten Ziel nicht vom richtigen Weg abzukommen. Die Teams bei der Tour de France richten ihre Strategie für das nächstfolgende Rennen stets an der Gesamtsituation aus – wie ihre Fahrer in den verschiedenen Klassements platziert sind und was auf dieser Basis von der Konkurrenz zu erwarten ist.

Auch beim Lernen kann das Etappen-Prinzip angewendet werden. Man bereitet sich letztendlich immer auf eine konkrete Aufgabe, ein Ziel, vor. Es ist wichtig, eine Route abzustecken, wie man erfolgreich zu diesem Ziel gelangen möchte. Der Erfolg wird in diesem Fall an dem Ergebnis, in aller Regel der Note, gemessen. Nun kann es passieren, dass auf dem Weg zum Ziel Unwägbarkeiten auftreten, die nicht eingeplant waren. Eine Teilzielbildung kann dazu beitragen, die Aufgaben früh anzugehen und planvoll Zustände herzustellen, in denen man stets in der Rolle des Agierenden bleibt. Wenn ich (exemplarisch) zielgemäß zwei Wochen vor einer Klausur schon 80 % des Inhaltes verstanden und verinnerlicht habe, dann bin ich bereits gut gerüstet. Durch die Zwischenziele habe ich mich selbst diszipliniert und bereits im Vorfeld einen beruhigenden und motivierenden Erfolg herbeigeführt. Kommt mir nun ein Ereignis dazwischen, beispielsweise zusätzliche Veranstaltungen im Rahmen meines Studiums, kann ich meinen Zeitplan immer noch flexibel anpassen und bei den weiteren Teilzielen nachjustieren. Ich kann meine Aktionen immer noch so anpassen, dass ich mein übergeordnetes Ziel, das gute Ergebnis bei der Prüfung, realistischerweise erreichen kann. Etappen- und Teilzielbildung sind also ein Mittel der Initiativ-Steuerung, ich versuche meine Zeitressourcen effektiv und effizient aufzuteilen. Je näher das übergeordnete Ziel rückt, desto konkreter müssen die zu erreichenden Teilziele formuliert werden, um Herr über die eigene Planung zu bleiben und nicht in blinden Aktionismus zu verfallen.

Teilziele sind also eine zweiseitige Medaille. Auf der einen Seite sorgen sie für eine Disziplinierung des Individuums, da sie zu frühzeitiger Initiative motivieren. Im Falle der Radfahrer ist diese Initiative sogar in gewisser Weise alternativlos – wer an einer Etappe nicht teilnimmt, ist aus der Tour de France ausgeschieden. Beim

Verfolgen der eigenen sportlichen Ambitionen als Einzelfahrer oder Team sieht das natürlich nochmal anders aus. Durch die Teilziele kann nämlich auch die Intensität der eigenen Initiative gesteuert werden. Ein Rennstall bei der Tour de France möchte nur ungerne unter Zugzwang geraten – eine aggressive Strategie fahren, die mit hohem Risiko verbunden ist. Er möchte sich lieber von Anfang an gut positionieren und am Ende aus einer Position der Stärke heraus angreifen.

Seien Sie also bei der Bewältigung Ihrer Lernaufgaben wie ein Radprofi: Setzen Sie sich kleine, realistisch erreichbare Teilziele und fangen Sie früh genug an, um unmittelbar vor der Prüfung an den Stellschrauben drehen zu können, mit Hilfe derer Sie die Herausforderung zu Ihrem ganz persönlichen Coup machen können!

13   Jeder Schritt ist wertvoll – auch der Rückschritt!

Auf dem Weg zu einem großen Ziel ist die Welt nicht immer rosarot. Wir bilden uns ein, dass nur der direkte Weg der richtige ist und vergessen, dass in einem Umweg oftmals eine Chance liegt. Nicht umsonst soll uns das Sprichwort „Manchmal muss man einen Schritt zurückgehen, um danach drei vorwärts zu kommen." zur Besonnenheit auffordern und den Rückschritt als eine wohltuende Art der Selbstkonsolidierung charakterisieren.

Die Testspielergebnisse der deutschen Fußball-Nationalmannschaft beispielsweise werden seit Jahren in der Öffentlichkeit kritisiert. Es steht der Vorwurf im Raum, dass Freundschaftsspiele nicht ernst genommen werden würden und die negativen Ergebnisse zugleich ein negatives Momentum für die Pflichtspiele provozieren. Ich sehe dies ein wenig differenzierter.

Tests, oder allgemeiner formuliert das Training, sind dazu da, bekannte Prozesse ausreifen zu lassen und neue einzustudieren. Durch die Routinisierung von Abläufen möchten Sportler ihren Weg zum Erfolg ebnen. Wenn die Fußball-Nationalmannschaft allerdings Testspiele aufgrund von individuellen oder kollektiven

Fehlern verliert, steht sie im Kreuzfeuer der selbsternannten Fußball-Experten, welche ihr die nötige Qualität für große Herausforderungen absprechen.

Dies muss allerdings nicht sein. Testspiele können meiner Meinung nach kein Indikator sein, die Konkurrenzfähigkeit für den Ernstfall qualifiziert zu beurteilen. Der Bundestrainer gewinnt sowohl aus gelungenen Maßnahmen wie auch aus missratenen Tests Erkenntnisse, die ihn im Hinblick auf die wichtigen Spiele vorbereiten. Wir sollten also dankbar sein, dass uns auch vor Augen geführt wird, was wir zu unterlassen haben und uns glücklich schätzen, dass wir die Chance haben, an den Ausgangspunkt zurückzugehen und einen neuen (oder auch den alten) Weg einschlagen zu können. Rückschritte bringen uns also letztendlich nur auf den Weg unseres Erfolges zurück, wenn wir bereit sind, aus ihnen zu lernen.

Eine schlechte Note in einer Prüfung zum Beispiel ist schnell einmal passiert. Wichtig ist vielmehr, was Sie daraus lernen und wie Sie Ihr Verhalten an diese neue Erkenntnis anpassen. Während exemplarisch in der Schule viele Pädagogen das Notensystem vor dem Hintergrund der Motivation der Schüler anzweifeln, sehe ich dies komplett anders: Mit der richtigen Einstellung werden Lernende doch sowohl durch positive als auch durch negative Ergebnisse zu einer Intensivierung ihrer Anstrengungen angespornt. Ein positives Ergebnis motiviert mich dahingehend, dass ich den guten Eindruck bestätigen möchte und in meiner Position als Musterschüler verweilen will. Eine schlechte Note provoziert mich doch aber, beim nächsten Mal mein eigenes Leistungspotenzial ausschöpfen und mein Können unter Beweis stellen zu wollen.

Der entscheidende Punkt ist, dass Sie für sich selbst ein Verständnis entwickeln, was in Ihren Augen gut und was schlecht ist. Nur so können Sie den Effekt erreichen, dass Sie diese Zahl, die Ihnen widergespiegelt wird, zu größerem motiviert. Ein Navigationsgerät funktioniert eben auch nicht ohne Akku oder Batterien. Ihr eigenes Verständnis von Gut und Schlecht wird Ihnen dabei helfen, aus jeder Situation eine lehrreiche Tugend zu ziehen.

Wenn Sie einmal mit einer Strategie danebengelegen haben, werden Sie diese beim nächsten Mal nicht mehr anwenden. Sie erhalten also die Chance, Ihre vorherige Arbeit wertzuschätzen und in eine andere Richtung weiterzuentwickeln. Sofern das Feedback jedoch positiv ist, erfahren Sie die Bestätigung, dass der von Ihnen eingeschlagene Weg Sie direkt weiterbringt. Feedback ist für Sie persönlich immer eine Win-Win-Situation!

14 Erfinden Sie sich immer wieder neu!

Unberechenbarkeit ist im Sport ein Wettbewerbsvorteil, welchen nur die ganz Großen für sich beanspruchen können. Gerade in Disziplinen, in denen es auf Taktik und direkte Duelle ankommt, ist es wichtig, niemals vorhersehbar zu handeln. Wer sich durch Kontinuität im Agieren in seine Karten schauen lässt, der wird schnell in eine Position gedrängt, nur noch reagieren zu können.

Die Kontinuität im eigenen Handeln ist allerdings eine entscheidende Komponente, um sich auf dem Weg zum Erfolg nicht zu verlaufen. Dieser scheinbare Widerspruch ist jedoch einfach zu lösen: Sie sollten sich unbedingt ein Erfolgsrezept ausdenken – es muss jedoch so verschlüsselt werden, dass nur Sie selbst die Stringenz dahinter verstehen.

Im Volleyball beispielsweise werden im Training verschiedene Spielzüge einstudiert. Eine Monotonie würde zwar den Trainingsaufwand senken, jedoch würden die Gegner in der Wettkampfsituation die taktischen Züge nach fünf Minuten identifizieren und sich spielentscheidend darauf einstellen. Der Unterschied zwischen Amateuren und Profis liegt in fast allen Sportarten im Trainingsaufwand: Durch die größeren Bemühungen in der Wettkampfvorbereitung kann ich mich für die konkrete Situation nicht nur flexibel aufstellen, sondern kann einen ausgeklügelten Plan entwickeln, welcher für meine Gegner nicht durchschaubar ist und mich selbst in die Position bringt, stets in der Position des Agierenden zu bleiben, während die anderen an dem Entschlüsseln meines Plans verzweifeln.

Variantenreichtum reicht dabei auf Dauer jedoch nicht aus, um sich in der Spitze seiner Disziplin behaupten zu können. Selbst wenn ich einhundert mögliche Wege zum Ziel in mein Programm implementiere, dann werden diese irgendwann alle entschlüsselt sein. Natürlich ist es einfacher, sich auf eine mögliche Taktik einzustellen, als wenn man einhundert verschiedene Möglichkeiten bedenken muss – das reine Wissen um die Herausforderungen macht diese jedoch greifbar und lösbar. Eine Person, die ihre Herausforderung kennt, wird dieser selbstbewusster gegenübertreten, als wenn sie mit ihr im Zeitpunkt des Wettkampfes zum ersten Mal konfrontiert wird. Die Wirkung des „ersten Schocks" beim Gegner ist nicht zu unterschätzen.

Aber was bringt mir diese Erkenntnis für das tägliche Leben? – Ich habe bei der Bearbeitung meiner Aufgaben doch keine Gegner... falsch! Ihr größter Gegner ist die Langeweile. Es ist geradezu menschlich, bei ständigem Ausüben der gleichen Tätigkeit irgendwann zu ermüden. Wenn Sie sich regelmäßig in Diskussionen befinden und Ihre Mitmenschen jedes Mal von Ihnen die gleiche Argumentation zu hören bekommen und nicht das Gefühl haben, dass Sie neue Erkenntnisse präsentieren, dann werden Sie ergebnistechnisch auf der Stelle treten oder langfristig sich verschlechtern. Es wird schlichtweg eine positive persönliche Entwicklung von Ihnen erwartet.

Der Knackpunkt liegt in der schöpferischen Kraft. Sofern Sie nachweisen können, dass Sie in der Lage sind, neue Dinge herauszufinden, dann wird Ihre Arbeit bei Ihren Zuhörern auf fruchtbaren Boden fallen. Schon in der Vorbereitung können Sie dafür vorsorgen, indem Sie sich immer wieder neu erfinden: Sie können zum Beispiel neue Lernmethoden ausprobieren oder Ihr Gehirn systematisch in der kreativen Problemlösung schulen. Genau diese Aspekte wecken in Ihnen die schöpferische Kraft, welche es dem Menschen ermöglicht, die Einbahnstraße der Gedanken zu verlassen und neue Erkenntnisse zu liefern, die bei seinen Mitmenschen einen positiven Schock provozieren und die geleistete Arbeit in ein besonders gutes Licht rücken. Haben Sie also den Mut, jeden Tag Ihre Routine zu verlassen, um kontinuierlich variabler zu werden, sich persönlich zu entwickeln und auch so wahrgenommen zu werden!

15 Musik motiviert

Für viele Sportler gehört zu einer Fokussierung vor dem Wettkampf Musik. Mit großen Kopfhörern auf den Ohren schlendern sie über die Sportstätte, an der sie in naher Zukunft Heldentaten vollbringen sollen. Ich möchte an dieser Stelle nicht mutmaßen, welche Art von Musik Leistungssportler hören und wie diese sie in besonderer Weise motivieren. Vielmehr möchte ich die Botschaft vermitteln, dass Musik in jeder Lebenslage eine beruhigende, motivierende oder stärkende Wirkung haben kann. Dazu möchte ich exemplarisch in paar Lieder aus meiner Playlist vorstellen, welche ich mir gerne vor größeren Herausforderungen anhöre.

Superheroes von The Script: Mein absolutes Lieblingslied. In dem Songtext wird eine Kämpfernatur beschrieben, mit der ich mich sehr gut identifizieren kann. Es geht unter anderem um eine Person, die ihre ganze Jugend erzählt bekommen hat, dass sie im Erwachsenenalter nichts Großes erreichen wird. Aber die Leute haben ihre innere Stärke nicht erkannt und hinter der kindlichen Fassade ist ein Herz gewachsen, dass stark wie Stahl ist. Wenn Sie Ihr ganzes Leben lang kämpfen, werden Sie zwar oftmals hinfallen, aber eben genauso lernt ein Superheld zu fliegen. Seien Sie also bereit, den Schmerz, den Sie auf dem Weg zu Ihrem Ziel verspüren, in positive Energie umzuwandeln!

The Man von Aloe Blacc: Dieses Lied erzeugt in mir eine Art Aufbruchstimmung in Sachen Selbstbewusstsein. Die Aufgabe steht nun an und ich bin in diesem Moment die Person, die dazu bestimmt ist, sie zu meistern! Es ist an der Zeit, das zu erledigen, was getan werden muss und die ganze Welt darf erfahren, dass Sie die Person sind, die es schafft. Stehen Sie also jetzt auf und trauen Sie sich, die Vergangenheit hinter sich zu lassen. In diesem Moment ist es gleichgültig, was einmal war. Das Hier und Jetzt ist entscheidend und Sie wissen, dass Sie dazu bestimmt sind, in diesem Moment das Richtige zu tun. Daraus ziehen Sie eine Stärke, die ihresgleichen sucht.

Heart Of A Champion von Nelly: Dieses Lied ist vom Inhalt her mit dem davor vergleichbar. Im Gegensatz zu The Man ist es jedoch weniger auf die handelnde Person zentriert, sondern mehr auf die Umstände, unter denen gehandelt wird. Die Tatsache, dass diese zweitrangig bei der Zielerreichung sind, wird betont. Keiner kann Sie in diesem Moment aufhalten, weil Sie im Tunnel sind, durch Ihre Adern fließt das Blut eines Siegers. Die Gewinner orientieren sich nicht an den Konkurrenten, weil sie durch ihre Mentalität aus eigener Kraft imstande sind, alles zu erreichen, was sie sich vornehmen. Ein Champion zu sein ist eine Lebenseinstellung, die gelebt werden muss. Sie fängt mit Ihrem Selbstverständnis an.

One Touch von Du Maroc und Jonesmann: Der Songtext behandelt die Geschichten von Straßenfußballern, welche durch den Glauben an sich selbst und das beharrliche Verfolgen ihrer Träume den Durchbruch in den Profifußball geschafft haben. Die Zeile „Erkenn' deine Richtung als wärst du ein Fahrplan!" mutet auf den ersten Blick wie ein inhaltsloses Rap-Zitat an, gibt aber bei genauerer Interpretation einige Rückschlüsse, auf was es auf dem Weg ins Rampenlicht tatsächlich braucht: Eine Menge Disziplin und den Willen, sich Ziele zu setzen und diese zu erreichen. Sie haben vielleicht auf der Straße angefangen, aber sie kann Ihnen nicht das geben, was Sie sich unter einem schönen Leben vorstellen. Sie müssen nach Größerem streben. Es geht um Ihr Leben und Sie leben nur einmal – deshalb müssen Sie für Ihre Träume kämpfen, alles investieren und dürfen niemals aufgeben.

Jesus He Knows Me von Genesis: Zum Abschluss noch eine lustige Geschichte aus meiner Schulzeit. Dieses Lied hat mich für das mündliche Abitur im Fach Religion weniger motiviert als dass es eine lustige Vorstellung von der Prüfungssituation provoziert hat und mir so ein Stück weit Lockerheit beschert hat. Ich habe den Text knapp eine Woche vor der Prüfung im Radio gehört und habe mir eines vorgenommen: Sollte ich irgendwann bei einer Nachfrage nicht mehr weiterwissen, zitiere ich vor dem Prüfungsausschuss einfach das Lied: „Because Jesus, he knows me – and he knows, I'm right." Jedes Mal, wenn ich nun an die bevorstehende Aufgabe gedacht habe, musste ich lachen und das hat mir in dieser doch anstrengenden Zeit sehr geholfen. Im Nachhinein musste ich den Spruch in der Prüfung doch nicht bringen – ich hatte auf jede Frage eine Antwort. Fast schon ein bisschen schade…

Mir ist bei Liedern besonders wichtig, dass sie mir in Bezug auf meine Lebenseinstellung eine gewisse Botschaft vermitteln. Ich lege dabei nicht jedes einzelne Wort aus dem Songtext auf die Goldwaage. Schon ein einzelner Satz kann dem Werk für mich einen besonderen Wiedererkennungswert geben. Ich kann Ihnen nur empfehlen, sich auch Lieder zu suchen, die Ihnen Botschaften vermitteln, welche Sie im täglichen Leben anwenden können. Wenn der Song dann auch noch Ohrwurm-Potenzial hat, umso besser!

2. Abschnitt:

Held des Alltags

16 Entwickeln Sie Demut!

Zugegebenermaßen wirkt diese These aufgrund der vielversprechenden Überschrift dieses Abschnitts etwas grotesk. Es erscheint uns oft widersprüchlich, nach dem Großen zu streben und gleichzeitig auf dem Boden der Tatsachen zu bleiben. Aber genau dieser Spagat ist notwendig, um das eigene Potenzial gänzlich auszuschöpfen. Der Weg nach oben ist unendlich, ein strebsamer Mensch ist niemals an dem Punkt angelangt, an dem er sagt, dass er nichts Neues mehr lernen oder keine wichtigen Erfahrungen mehr sammeln kann.

Da wir also kein endgültiges Ziel haben, dem wir uns verpflichtet fühlen, sondern uns der Dynamik unserer Wünsche hingeben, sollten wir zumindest den Beginn unserer Erfolgsgeschichte immer im Kopf behalten. Wenn Sie den Anfangspunkt und die Richtung Ihres Weges kennen, wissen Sie, wohin es Sie verschlägt – die Richtung allein reicht nicht aus.

Demut ist keinesfalls etwas Unterordnendes oder eine Form der Selbstunterschätzung. In dem Begriff steckt das Wort Mut. In Kombination bedeutet der Begriff Demut also, sich auf die Ausgangssituation zurückzubesinnen – die Motivation zu erkennen, welche Ihnen den Mut gegeben hat, Ihren Weg zu starten. Demut ist somit sinngebend und lässt bei unseren Taten eine Art positive Eigendynamik entstehen.

Die Voraussetzung für eine Bewältigung Ihrer Aufgaben ist die Idee, welchen Effekt die erfolgreiche Erledigung dieser haben soll. Ein Sieger konzentriert sich auf das Gewinnen vor dem Hintergrund seiner bisherigen Erfahrungen. Er ist sich bewusst, dass er nicht als Sieger geboren wurde und versucht deshalb aus der Vergangenheit zu lernen und sich persönlich weiterzuentwickeln, um dies in einem Erfolg widergespiegelt zu bekommen. Wenn Sie nicht wissen, wo Sie hergekommen sind, woher sollen Sie wissen, wo Sie stehen und vielmehr noch, wo Sie überhaupt hinmöchten?

Überheblichkeit als Form der mangelnden Demut ist eben genau eine Form der Orientierungslosigkeit bei der Bewältigung der Aufgabe: Weil die Person sich nicht im Klaren ist, wo sie angefangen hat, kann sie sich auf dem Weg zum Ziel nicht mehr orientieren. Sie verschätzt sich – denkt, dass sie viel weiter sei als sie es tatsächlich ist – und verläuft sich.

Von allen großen Sportlern haben wir irgendwann einmal Geschichten aus der Kindheit kennenlernen dürfen. Michael Schuhmacher hat auf einer Kartbahn in Kerpen seine ersten Schritte als Rennfahrer gemacht oder Niko Kovac hat seine außerordentliche Mentalität beim Straßenfußball in Berlin erlernt. All diese Personen wissen, dass sie aus einem bestimmten Grund heute an dem Punkt sind, an dem sie stehen und sie wissen, dass ihr Weg ins Rampenlicht ein langer war, der bescheiden begonnen hat. Sie beide haben aber aus diesem einfachen Leben eine Menge für die späteren sogenannten „großen Aufgaben" gelernt. Aus diesem Grund wissen sie sicherlich die Art derer, die nicht so im Mittelpunkt stehen, genauso zu schätzen.

Ein weiterer Aspekt steht mit diesem Gedanken in Zusammenhang. Wenn ich weiß, dass meine Erfahrungen und Werte aus früheren Zeiten mich erst zu der Person machen, die ich heute bin, dann ist das auch sehr wertvoll für das Selbstvertrauen: Einfache Mittel sind Teil meines Erfolgsweges... also ist doch nicht nur wichtig, dass ich aufwendig lebe und mich von anderen abhebe. Es ist doch viel wichtiger und beruhigender zu wissen, dass es gerade die einfachen Dinge sind, die uns am weitesten voranbringen. Genau wie ich das Kapitel mit einem Widerspruch begonnen habe, so möchte ich es auch mit einem Widerspruch beenden und Sie zum Nachdenken anregen: Die einfachsten Dinge im Leben sind die schwierigsten.

17   Predigen Sie das Minimum, aber arbeiten Sie für das Maximum!

Wer erfolgreich sein möchte, muss in Ruhe arbeiten können. Die größte Gefahr für den eigenen Erfolg sind zu hohe Erwartungen von außen. Diese können entweder durch unerwartet starke Teilzielerfüllung oder systematische Überschätzung der Fähigkeiten durch Dritte provoziert werden. Ein seriöser Arbeiter weiß, dass er die Erwartungen der Öffentlichkeit so steuern sollte, dass er sich selbst keine Nebenkriegsschauplätze schafft. Bewusstes Tiefstapeln ist ein taktisches Mittel, das in der Verfolgung eines persönlichen Zieles von entscheidender Bedeutung sein kann, um sich ganz auf die Umsetzung des eigenen Plans zu fokussieren. Die „Vermarktung" der Zwischenergebnisse gehört genauso zu der Gesamtstrategie wie die Taten im Rahmen des eigentlichen Projektes. Sie ist Teil des Wunsches nach Undurchschaubarkeit der eigenen Handlungen, um den Überraschungseffekt zu wahren – dieser Aspekt wurde bereits im ersten Abschnitt dieses Buches angesprochen.

Eintracht Frankfurt beispielsweise würde heutzutage niemals nach außen hin die Ambition vertreten, Meister der deutschen Fußball-Bundesliga werden zu wollen. Sie verweisen auf die finanziellen Möglichkeiten der Konkurrenten aus München oder Dortmund – das ist richtig und legitim. Dennoch gehen sie in jedes Spiel mit dem Anspruch heran, es gewinnen zu wollen. Je nach Gegner wird dies mehr oder weniger offensiv kommuniziert. Würden sie demnach alle Spiele in der Liga für sich entscheiden können, wären sie nun doch Meister... extern wird das große Ganze betrachtet, während man intern bestrebt ist, aus jeder einzelnen Herausforderung das Maximale zu erreichen.

Die Rolle des Favoriten möchten nur jene Sportler einnehmen, bei denen dieses Bild auf der Hand liegt. Ihre Überlegenheit ist so groß, dass der Anspruch zu gewinnen nicht geleugnet werden kann. Während das Favoritentum für kleinere Spieler durch den öffentlichen Druck schnell zu einer Bürde werden kann, sind die Big Player in der Lage, die Rolle des Favoriten für sich zu instrumentalisieren, indem sie indirekt die Taktik des Gegners beeinflussen. Nur die wenigsten Mannschaften trauen sich zum Beispiel, gegen Bayern München offensiven Fußball zu spielen, weil sie die Stärke des Gegners fürchten. Da der deutsche Rekordmeister um sein Image weiß, kann er dies in seinem eigenen Spielsystem aufgreifen und den eigenen Anspruch an einen dominanten Fußball ausleben. Die Favoritenrolle avanciert zu einem

Mythos, welchen sie in der Umsetzung ihres Plans oftmals klug einzusetzen wissen.

Diese Idee führt uns zu einem weiteren Ansatz: Wenn die Gejagten davon ausgehen, dass die Jäger ihre Pläne nach ihnen ausrichten und daraufhin ihre eigenen anpassen, um ihre Favoritenrolle auszuspielen – ist es dann nicht als Jäger clever, aus diesem Teufelskreis auszubrechen, indem ich mich nur auf mich selbst konzentriere und die Favoriten proaktiv mit meinen eigenen Waffen zu schlagen versuche?

Wie man die Thematik dreht und wendet, es bleibt immer die gleiche Erkenntnis: Langfristig wird der erfolgreich sein, der sich auf die Optimierung seines *eigenen* Handelns konzentriert – auch wenn er selbst schon in einer Spitzenposition ist. Tief zu stapeln sorgt dabei dafür, seine Ziele in Ruhe verfolgen zu können und sich selbst nicht unnötig dem Druck der Gesellschaft preiszugeben. Wenn ich als Einser-Schüler offen kommuniziere, dass für mich nur das optimale Ergebnis gut genug ist, dann werden die anderen mit Argusaugen auf meine Noten schauen und bei jeder Zwei die Augenbrauen hochziehen. Gebe ich mich dagegen nach außen gelassen und stelle die harte Arbeit hinter meinen Erträgen heraus, dann werde ich auch im Falle eines Rückschrittes das Wohlwollen meiner Mitmenschen spüren. Solange ich mein eigenes Oberziel nicht aus den Augen verliere, bleibe ich somit stets Herr der Lage.

Die goldene Regel lautet daher: Setzen Sie extern kleine Teilziele, die Sie intern betrachtet übertreffen möchten. Die „Über-Erreichung" des Oberziels mag für Außenstehende dann eine Überraschung sein – für Sie selbst aber nicht.

18   Seien Sie keine Maschine, sondern ein Konstrukteur!

In einer Motorsportart wie der Formel 1 kommt es nicht nur darauf an, sich persönlich als Fahrer weiterzuentwickeln, sondern auch im Laufe einer Saison als Team den Wagen zu verbessern. Innovation ist in hochtechnisierten Sportarten das tägliche Brot, um konkurrenzfähig zu bleiben. Stillstand bedeutet hier faktisch einen Rückschritt. Die Dynamik der Prozesse, in denen man sich in Konkurrenz befindet, zu verstehen, ist fast genauso wichtig wie die eigentliche Aufgabe, um erfolgsorientiert zu handeln.

Im Motorsport geht es in besonderer Weise um das Zusammenspiel zwischen Menschen und Material. Die Erfolgsaussichten sind für den Wettbewerber dann am größten, wenn es ihm gelingt, mit den gegebenen Mitteln die maximale Leistung abzurufen. Die tatsächliche Leistungserstellung erfolgt also zeitlich gesehen an zwei verschiedenen Punkten: Auf der einen Seite wird durch Konstrukteure und Mechaniker versucht, dem Fahrer im Vorfeld das bestmögliche Material zur Verfügung zu stellen. Im entscheidenden Moment allerdings, sitzt er allein im Auto und muss in dem gegebenen Rahmen sein Leistungsoptimum erreichen und damit das bestmögliche Ergebnis erzielen. Das Zusammenspiel aus internen (zeitpunktgleichen) und externen (vorher festgelegten) Faktoren bestimmt also im Endeffekt über Sieg und Niederlage. Eine beidseitige Maximierung kann jedoch zu Konflikten führen: Wer seinem Auto ein zu hohes Tempo zumutet, darf sich nicht wundern, wenn im Verlaufe des Rennens der Motor versagt. Die Beziehung zwischen Menschen und Maschine ist also ein Harmoniemodell.

Auf gleiche Art und Weise verhält es sich beispielsweise beim Lernen. Es muss zwischen der Vorbereitung und der eigentlichen Prüfungssituation unterschieden werden. Sie müssen sich von der Vorstellung befreien, in der Prüfung wie eine Maschine agieren zu wollen, welche das Wissen lediglich stur abruft. Die menschliche Komponente geht dabei verloren.

In der Vorbereitung auf eine Aufgabe arbeiten Sie im übertragenen Sinne an Ihrem Wagen und versuchen ihn bestmöglich auf die bevorstehende Aufgabe vorzubereiten. Je mehr Wissen Sie haben, desto mehr Pferdestärken haben Sie in der Prüfung auf der Rennstrecke zur Verfügung. Es ist dabei wichtig, Ihre eigenen Stärken auf Ihr Konstrukt auszurichten, um sich selbst im Moment des Leistungsabrufes wohlzufühlen und bestmöglich Ihr Potenzial ausschöpfen zu können. Bei den Rennfahrern gibt es schließlich auch Unterschiede: Für die einen ist der Topspeed das entscheidende Kriterium für die Güte des Wagens, die anderen schwören auf Effizienz in den Kurven. Viele Wege führen nach Rom und man sollte den beschreiten, auf welchem man sich besonders wohl fühlt.

Die Prüfung selbst ist dagegen nochmal eine völlig neue Situation. Die Rahmenbedingungen – Ihr Wissen oder für die Rennfahrer der Wagen – sind nun als Momentum gegeben und es ist das Bestmögliche daraus zu erzielen. Nutzen Sie die Kraft des menschlichen Seins, die Flexibilität und Vorteile des kritischen Denkens. Sie sitzen am Steuer Ihres Wissenswagens und müssen ihn nun zielsicher über die Rennstrecke der Prüfung manövrieren. Genau wie die Teamkollegen in der Formel 1 trotz des gleichen Materials keine identischen Zeiten fahren, können auch Sie aus dem gleichen Wissen mehr machen als andere. Sie müssen nur wissen, wie Sie es geschickt einsetzen. Die Chemie zwischen Ihnen und Ihrer Maschine muss stimmen, um gemeinsam ein siegreiches Team auf die Beine zu stellen. Nicht Ihr Wissen soll unschlagbar sein, sondern die Kombination von Ihrem Wissen und Ihren intellektuellen Fähigkeiten.

Mit diesem Ansatz rufe ich gleichzeitig auch zu mehr Selbstvertrauen in der Prüfungssituation auf. Wenn nun einmal der entscheidende Moment gekommen ist, dann ist Ihr Wissen ein Zustand, der nicht mehr zu verändern ist. Das Wissen um die eigene Stärke ist für Sie aber entscheidend, um Ihr Potenzial optimal auszuschöpfen. Die Maschine sieht Stand heute nur die Information und kann sie so verarbeiten, wie es ihr der Mensch vorgegeben hat. Sie aber sind genau dieser Mensch und besitzen die schöpferische Kraft, aus einem Satz ein ganzes Buch zu schreiben.

19   Adaptieren Sie Erfolgsrezepte!

Die Abfahrt beim Ski alpin gilt als eine der Königsdisziplinen des Wintersports. Wer solche Rennen gewinnt, stellt ein außerordentliches Talent gepaart mit Technik und Mut unter Beweis. Es ist ein schmaler Grat zwischen der Jagd nach Bestzeiten und Gefahren für die eigene Gesundheit. Wenn Rennen üblicherweise im Bereich von Zehntelsekunden entschieden werden, ist es einleuchtend, dass sich die beteiligten Personen am persönlichen Limit bewegen.

Eine Abfahrtsstrecke ist in verschiedene Teilbereiche, sogenannte „Sektoren", unterteilt und es werden Zwischenzeiten gemessen. Dabei ist auffällig, dass der spätere Sieger nur in den seltensten Fällen auf allen Streckenabschnitten der schnellste Mann ist. Die Kombination von allen Sektorenbestzeiten ist in fast allen Fällen noch einmal ein ganzes Stück schneller als die Siegerzeit.

Dies bedeutet, dass sogar die besten, die sich schon an den Grenzen der Perfektion bewegen, sich immer noch verbessern können und vielmehr noch von der unterlegenen Konkurrenz lernen können. Wenn ein anderer in einem bestimmten Sektor schneller war, hat sich der Sieger des Rennens bei aller Freude über den Erfolg zu fragen, was der Konkurrent in diesem konkreten Abschnitt besser gemacht hat. Denn in der Idealvorstellung möchte ich als Sieger nun einmal eben jene Person sein, welche auf jedem Teil der Strecke den Mythos der Unbesiegbarkeit besitzt.

Im Ski alpin können Abweichungen beispielsweise auf unterschiedlich interpretierte Fahrlinien zurückzuführen sein. Nicht jede vorgegebene Ideallinie ist auch eine solche. Nach und nach sammeln verschiedene Athleten unterschiedliche Erfahrungen mit variierenden Strategien, sodass mit der Zeit ein gesamtes Potpourri an Herangehensweisen zu beobachten ist, welche in Verbindung mit der individuellen Umsetzung unterschiedliche Ergebnisse provoziert haben.

Neben der Weiterentwicklung der eigenen Stärken ist die systematische Analyse und Kompensation der Schwächen wichtig. In sportlicher Konkurrenz können im ganz engen Sinne jene Teilgebiete als Schwächen interpretiert werden, in denen ich nicht als der beste gelte. Eben hier ist analytisches Geschick gefragt und herauszufinden, woran es gelegen hat. Ich schaffe für mich selbst Chancengleichheit, wenn ich die Teilerfolgsrezepte meiner Konkurrenten adaptiere.

Die andere Seite der Medaille ist jedoch die Harmonisierung der Teilkonzepte zu einer Gesamtstrategie. Letztendlich ist nämlich das Endergebnis entscheidend und die Teile nur Statistik, die in der Gesamtbetrachtung durch die Öffentlichkeit keine Rolle spielen. Der Abfahrer kann beispielsweise die optimale Linie für den ersten Sektor wählen, welche jedoch für die darauffolgenden von Nachtteil ist, da zum Beispiel zu wenig Geschwindigkeit aufgenommen wird. Zu einer Adaption gehört also stets auch eine kritische Reflexion im Sinne der Gesamtaufgabe. Die Auseinandersetzung mit Verbesserungsmöglichkeiten ist jedoch unabdingbar und das Verhalten der Konkurrenz liefert wertvolle Impulse frei Haus.

Ich möchte an dieser Stelle in alltäglichen Situationen keinesfalls Konkurrenzsituationen provozieren, aber nach einer gewissen Zeit bilden sich in jeder sozialen Gruppe nun einmal Hierarchien. Der Hinweis gilt an dieser Stelle sowohl den besonders guten als auch den schwächeren: Jeder Mensch hat individuelle Stärken – Dinge, die er instinktiv beim ersten Mal richtig angeht. Es ist wichtig, dass Sie die Methoden und Erfolge Ihrer Mitmenschen beobachten, kritisch für sich selbst hinterfragen und gegebenenfalls in Ihr Portfolio an Problemlösungen aufnehmen. In diesem Moment ist nämlich absolut zweitrangig, ob Sie vielleicht allgemein in einer Sache als stärker gelten – für eine konkrete Fragestellung kann jeder besser aufgestellt sein als Sie. Es ist nicht nur eine Frage des Respekts und der Demut, sich alle Meinungen, Ansichten und Ergebnisse anzuhören, sondern auch eine Frage der eigenen Intelligenz. Repräsentieren Sie ein Portfolio aus allen Problemlösungen – denn mit der Summe Ihrer eigenen Ideen werden Sie leider nicht alle Aufgaben (des Lebens) lösen können!

20   Der Weg des Erfolgs ist dynamisch!

Eine stringente Planung zeichnet sich dadurch aus, dass sie niemals abgeschlossen ist und im Zeitablauf immer wieder an die sich ändernden Rahmenbedingungen angepasst werden muss. Genau wie im Sport in jeder Saison die Karten neu gemischt werden, gibt es im Leben einige Zäsuren, mit denen alte Kapitel geschlossen und neue aufgeschlagen werden.

Es liegt an uns selbst, die neuen Anfänge bewusst zu setzen und die persönliche Weiterentwicklung daran auszurichten. Ich nutze beispielsweise gerne die Zeit zwischen den Jahren, um für mich persönlich die letzten zwölf Monate Revue passieren zu lassen, zu reflektieren, was gut war und auf welchen Gebieten ich mich im nächsten Jahr weiterentwickeln möchte, um erfolgreich und glücklich zu sein.

Meinen ersten Jahresplan habe ich für 2016 erstellt. Wie bei den meisten Jugendlichen war damals mein Alltag stark durch die Schule geprägt, nebenbei bin ich auch noch leidenschaftlich meinem Hobby Fußball nachgegangen. Es war eigentlich soweit alles gut – in der Schule hatte ich sehr gute Noten und in meiner Freizeit durfte ich mich mit Nachwuchsmannschaften aus den Darmstädter und Frankfurter Leistungszentren messen.

Aber es fehlte irgendetwas. Ich war auf der Suche nach meinen eigenen Ecken und Kanten und hatte das Gefühl, durch mein aalglattes Auftreten einen Mustermann zu definieren, den meine Mitmenschen nur schwer greifen konnten. Also habe ich mich dazu entschieden, in mich hineinzuhören: Wie möchte ich nach außen hin auftreten und wie soll ich wahrgenommen werden? Welche qualitativen Ziele habe ich im Umgang mit Menschen und im Alltag?

Wichtig ist mir an dieser Stelle, die Qualität der Ziele zu betonen. Ich wollte keine Zahlen definieren – ich wollte mich nicht der Statistik gegenüber verpflichten, sondern meinem Gewissen. Qualitative Ziele haben auf den ersten Blick einen niedrigeren Verbindlichkeitsgrad für das Individuum als quantitative. Disziplinieren wir uns aber selbst, diese Ziele zu verfolgen, dann ist die Qualität –

wie es der Name schon sagt – der Zielerreichung höher, als wenn wir dem Selbstzweck der Zahlen folgen.

So habe ich mir beispielsweise vorgenommen, zu allen Themen eine klare Meinung zu vertreten und so nach außen hin mein Profil zu schärfen. Understatement ist für das Abwägen von Positionen und Entscheidungen wichtig, aber es sollte wohl durchdacht werden, wann wir unsere Position auch nach außen hin differenziert darstellen. Unsere Mitmenschen denken dann schnell, dass wir uns nicht entscheiden können, es wird schwieriger uns einzuschätzen. Harmonisierer ernten sehr oft Distanz und eben keine Nähe. Sie müssen nicht jedem Menschen gefallen, sondern den für Sie richtigen. Bis zu dieser Erkenntnis hat es bei mir lange gebraucht.

Seit dem Jahr 2016 erstelle ich mir also Pläne für das „Tobias-Breidenbach-Modell" im darauffolgenden Jahr. Welche Weiterentwicklungen sollen mein zukünftiges Ich ausmachen – und genauso wichtig: Wie habe ich meine eigenen Vorgaben aus dem vergangenen Jahr umgesetzt? Zurückblickend kann ich sagen, dass ich das ganze Jahr 2016 dafür aufgewendet habe, meinen persönlichen Kompass auszurichten - die erste Konstruktion ist immer die schwerste. Seitdem kann ich auf diesem Fundament weiter aufbauen. 2017 wurde ich mit einem herausragenden Abitur belohnt, für das ich die Anerkennung vieler Weggefährten erfahren durfte, was mich sehr stolz gemacht hat. So eine rückblickende Betrachtung gibt Ihnen auch einmal die Chance, sich zu sagen: „Das war mein Jahr!"

Natürlich kann es nicht jedes Jahr rosarot laufen. 2018 war für mich ein Übergangsjahr – nach dem Schulabschluss und einem traumhaften Start ins Studium, war es hauptsächlich ein Jahr der Arbeit und der persönlichen Veränderungen. 2019 sieht es schon wieder anders aus – ich spüre vor allem nochmal eine persönliche Weiterentwicklung, die sich auch in dem Verfassen dieses Buches widerspeigelt. Die nächsten Coups sind dann für 2020 und 2021 vorgesehen. Insgesamt empfinde ich meine Planung als sehr motivierend und sinngebend und kann sie nur jedem weiterempfeh-

len, der sich auch persönlich definieren möchte – Ihre Selbstak-
zeptanz und letztendlich der Erfolg werden noch einmal signifikant
steigen!

21   Widerstände sind super!

Es ist ein Trugschluss zu glauben, dass wir nur unter optimalen
Rahmenbedingungen optimal funktionieren können. Gemütlich-
keit provoziert einen Schlendrian, welchen viele gar nicht als solchen kennen: Unreflektierte Routine. Standardisierte Abläufe in
dem Tagesablauf können strukturgebend sein, allerdings auch
verhindern, dass man sein Potenzial voll ausschöpft. Es besteht
ein schmaler Grat zwischen Routine und persönlichem Stillstand,
der in einem schleichenden Rückentwicklungsprozess mündet.

Widerstände reißen uns jäh aus unserer angenehmen, gewohnten Umgebung heraus. Sie zwingen uns dazu, unsere Komfort-
zone zu verlassen und unser Schicksal aktiv in die Hand zu nehmen. Erst der Angriff auf die eigene Position veranlasst das Individuum, die Grenzen der eigenen Bequemlichkeit zu überwinden
und nicht vorhanden geglaubte Potenziale auszuschöpfen.

Im deutschen Jugendfußball spielt man immer zwei Jahre lang in
einer Altersklasse, bevor man in die nächsthöhere aufsteigt. Da
ich dem Jahrgang 1999 angehöre, habe ich also immer entweder
mit 1998er Kindern oder 2000ern zusammengespielt. Für gewöhnlich gab es zwei Mannschaften, die in unterschiedlichen Li-
gen gespielt haben. Im Normalfall sind die älteren Spieler in der
stärkeren Mannschaft und die jüngeren in der schwächeren, um
in der neuen Altersklasse erst einmal Erfahrungen zu sammeln.
Ausnahmen gibt es in beide Richtungen.

Als ich in der C-Jugend dem älteren Jahrgang angehörte, bekamen wir einen neuen, sehr ambitionierten Trainer. Zunächst nahm
ich regelmäßig in unserer ersten Mannschaft auf der Ersatzbank
Platz, gegen Ende des ersten halben Jahres der Saison fand ich
mich als älterer Spieler gar in der schwächeren Mannschaft wieder. Mein Heimatverein, für den ich schon immer gespielt habe,

scheint mich eiskalt ausgebootet zu haben. So eine Ungerechtigkeit!

Nicht mit mir! Mit dieser Einstellung ging ich in die Vorbereitung auf die Rückrunde, die ich nur aufgrund der Abwesenheit einiger Stammspieler mit der stärkeren Mannschaft absolvieren durfte. Ich bin in jedes Training gegangen, als hätte mein Leben auf dem Spiel gestanden, habe keinen Ball aufgegeben und in den kurzen Einsatzzeiten, die mir in den Testspielen gewährt wurden, habe ich versucht, ein Feuerwerk abzubrennen, um auf mich aufmerksam zu machen.

Als ich es geschafft hatte, mich in meine Mannschaft zurückzuarbeiten, half mir dann schließlich das Schicksal etwas auf die Sprünge: In dem Abschlusstraining vor dem ersten Rückrundenspiel verletzte sich einer meiner Teamkollegen leicht – so leicht, dass ein Platz in der Startelf für mich frei wurde. Ich habe im Anschluss als Stammspieler in meiner Mannschaft eine starke Rückrunde gespielt und dazu noch gemeinsam mit den Jungs ein Pokalfinale gewonnen. Ende gut, alles gut.

Mir ist erst im Nachhinein klar geworden, dass ich damals in der Hinrunde vollkommen zurecht nicht berücksichtigt worden war. Es haben schlichtweg fünf Prozent gefehlt, welche ich unter dem Druck des Verlusts meines Hobbys mobilisieren konnte. Ohne diesen Widerstand wäre ich nie so weit gekommen. Hätte mich der Trainer einfach weiter in der stärkeren Mannschaft auf die Bank gesetzt, wäre mein Mindestziel, dazuzugehören, erreicht gewesen – aber erfüllend wäre es auch nicht gewesen und ich hätte mich nicht derartig weiterentwickelt.

Ich möchte Ihnen damit vermitteln, dass jeder Widerstand auf dem Weg zu Ihrem persönlichen Erfolg gleichzeitig eine Chance darstellt. Er weist Sie unmissverständlich darauf hin, dass Sie aus der Position des Reagierenden heraus in die Position des Agierenden wechseln und Ihr Schicksal selbst in die Hand nehmen müssen. Es liegt ganz allein an Ihnen, dass Sie aus dem Gegenwind die Stärke ziehen, welche Ihnen bei anschließender Windstille den entscheidenden Vorteil verschafft!

22   Konzentrieren Sie sich auf sich selbst!

So wertvoll wie es ist, in der Vorbereitung und der späteren Analyse auch die Handlungen der Konkurrenz zu beobachten und aus ihnen aus zu lernen, so fehlerhaft ist die Einstellung, während der Herausforderung selbst nach links und rechts zu schauen. Wenn ich auf die Taten meiner Mitstreiter nur reagiere, werde ich immer einen Schritt Rückstand haben und niemals eine Spitzenposition einnehmen können. Das Vertrauen in die eigene Stärke und der Mut, einen individuellen Weg zu bestreiten, sind für die Zielerreichung unabdingbar.

Eine Kopie ist niemals besser als das Original. Was bringt es Ihnen also, sich im Wettkampf an der Konkurrenz zu orientieren? Sie werden zumindest keinen Vorteil erreichen und werden gleichzeitig von Ihrer eigenen Strategie abgelenkt. Viel schlimmer ist es noch, wenn Ihre Strategie ausschließlich an anderen ausgerichtet wird. Sie werden automatisch ins Hintertreffen geraten, da Sie nichts Neues kreieren. Innovateure dagegen haben einen Wettbewerbsvorsprung, welcher durch die Konkurrenz nur proaktiv aufzuholen ist. Auf die Fehler des anderen zu hoffen, ist eine planlose und etwas makabre Taktik.

Ich hatte in der Jugend in meiner Fußballmannschaft einen Mitspieler, der auf meiner Position gespielt hat und dessen einziges Trainingsziel war, mich zu übertreffen und vielmehr noch, mich schlecht dastehen zu lassen. In jeder Aktion gegen mich steckte eine gewisse Portion Hass und der Wille, ebendiesen seines Gegners zu brechen. Die Pointe an der Geschichte ist, dass diese Person zu diesem Zeitpunkt objektiv gesehen einen Vorsprung auf mich hatte – an Schnelligkeit, Ballsicherheit und Ansehen bei den Trainern.

Mit der Zeit vergaß mein Mitspieler in dem Konkurrenzkampf das Fußball-Spielen und seine Mitspieler. Sein Ansehen bröckelte. Ich dagegen nahm die Situation zwischen ihm und mir lediglich als Nebenkriegsschauplatz wahr und entwickelte mich persönlich ständig weiter. Irgendwann war ich genauso schnell, habe ihn bei der Ballsicherheit überholt und war auch im Ansehen der Trainer auf unserer Position die klare Nummer Eins – so klar, dass die Position neben mir mit noch einer anderen Person besetzt wurde und mein Konkurrent auf die Außenbahn ausweichen musste. C'est la vie.

Dieses Beispiel hat mich gelehrt, dass man in einer Auseinandersetzung eben nicht auf Aktionen seines Gegenübers reagieren sollte, sondern ganz klar eine eigene Strategie verfolgen muss. Meine Strategie war in diesem Fall, auf die fußballerischen Provokationen nicht einzugehen und mich an dem Rest der Mannschaft zu orientieren. Gemeinsam waren und sind wir immer stärker. Anstatt das Training zu einem permanenten Konkurrenzkampf auszurufen, habe ich lieber dessen Mehrwerte genutzt – dass es eben doch nur eine Wettkampfsimulation ist und ich von meinen Mitspielern lernen kann. Dies stellte gleichzeitig meine individuelle Lösung für die Auseinandersetzung mit meinem Kollegen dar.

Hinter meiner Geschichte steht noch ein weiterer Rat für Sie: Das Leben bietet per se genug Konkurrenzsituationen. Kreieren Sie nicht noch künstlich welche dazu – das macht Ihnen nur unnötig zwischenmenschlichen Stress und verschwendet Ressourcen, welche Sie für Ihre persönliche Weiterentwicklung besser gebrauchen können. Versucht Sie jemand in einen solchen Wettbewerb hineinzuziehen, dann gehen Sie gar nicht darauf ein und verfolgen Sie weiter zielstrebig Ihre eigenen Pläne. Der Wettbewerber wird sich selbst an seiner aggressiven Herangehensweise zermürben, sodass sich das Problem mehr oder weniger von selbst lösen wird. Die bewusste Entscheidung zum Nichtstun ist in diesem Fall besser als eine unbewusste Reaktion.

23   Sie sind in Ihrer eigenen Welt der König!

Der Fußballer Zlatan Ibrahimovic wirkt manchmal so, als würde sich für ihn die Welt nur um Zlatan drehen. Er besitzt nach außen hin das Selbstverständnis, ein großer seines Sports zu sein. Die gewonnenen Titel geben ihm recht. Einmal hat er auf einem seiner

Social Media Auftritte ein Bild mit der für ihn weltbesten Elf gepostet – alle Positionen waren von ihm besetzt.

Personen wie Ibrahimovic werden von der Öffentlichkeit kontrovers diskutiert. Die einen halten ihn für arrogant und oberflächlich, die anderen sehen in seiner Form der Selbstinszenierung geniehafte Züge. Ich persönlich wage mich an dieser Stelle nicht, eine Einschätzung über den Charakter des Menschen abzugeben. Die eigene Außendarstellung des Individuums muss nämlich keineswegs mit den tatsächlichen Lebenseinstellungen übereinstimmen. Viele unserer Stimmungen und Emotionen geben wir bewusst nicht preis, um uns vor unserer Umgebung zu schützen. Wo man normalerweise weinen möchte, lächelt man – und mit gespieltem Selbstbewusstsein suggerieren wir Stärke. Außendarstellung und Innenleben sind niemals deckungsgleich.

Ich kann für mich nur feststellen, dass wir alle ein wenig Zlatan Ibrahimovic in unserem Denken und Auftreten benötigen. Ein großer Teil meines Erfolges wird darüber definiert, wie ich meine Taten in der Öffentlichkeit darstelle und wie ich meine Positionen vertrete. Wenn ich die Einstellung habe, dass ich die Weisheit zum Frühstück gegessen habe, dann fällt es mir um einiges leichter, meine Meinung überzeugend darzulegen, als wenn ich an mir selbst zweifle.

Es ist ein schmaler Grat zwischen eingeübtem Selbstvertrauen und von meinen Mitmenschen wahrgenommener Arroganz. Diese wirkt wiederum abschreckend und provoziert gerade meinem Ziel konträre Effekte: Meine Mitmenschen entfernen sich von mir und nehmen mich persönlich sowie meine Meinung negativ wahr.

Je mehr Selbstvertrauen ich vermittele, desto mehr polarisiere ich. Die Chance, als kompetent eingeschätzt zu werden, steigt genauso wie die Gefahr, Antipathien zu ernten. Aus meiner Erfahrung heraus kann ich sagen, dass Selbstbewusstsein so lange gut rüberkommt, wie ich selbst mit meiner Art noch authentisch wirke. Widersprüchliches Verhalten oder überzogene Stärke bringen in mein Erscheinungsbild eine Disharmonie, welche dann als Arroganz gedeutet wird.

Bevor ich eine Präsentation halte, höre ich für gewöhnlich motivierende Musik (siehe auch Kapitel 15). Ich möchte dabei in einen Tunnel kommen, welcher mich auf das fokussieren lässt und mir den Glauben gibt, das Richtige zu tun. Wenn ich den Song über das Herz eines Champions höre, dann rede ich mir ein, dieser Sieger zu sein, welchen nichts aufhalten kann. Für die nächsten Stunden bin ich in meiner eigenen Welt der König – allwissend, unangreifbar, ausgestattet mit grenzenloser Stärke. Dementsprechend selbstbewusst trete ich bei meiner Präsentation auf: Ich entwickele in meinen Ausführungen ein Selbstverständnis und eine Aura, die mich für den Zeitraum meines Redens zu der Nummer Eins in dem Raum avancieren lassen – unabhängig davon, wer sonst noch anwesend ist.

Ich kann nur wie ein König auftreten, wenn ich mich selbst kenne. Welche Einstellungen habe ich und wie präsentiere ich mich für gewöhnlich meinen Mitmenschen? Welche Art von Selbstvertrauen wirkt glaubhaft? Der entscheidende Punkt für Sie ist, eine Strategie zu entwickeln, wie Sie sich so Selbstvertrauen einreden können, dass Sie anders als sonst auftreten, aber nicht unnatürlich und arrogant. Gelingt Ihnen dieser Spagat, wirken Sie auf Ihre Zuhörer interessant, finden Gehör und werden als kompetent geschätzt.

24   Pokerface und Tunnelblick

Usain Bolt, um den es an einer früheren Stelle dieses Buch bereits einmal ging, hat die Zuschauer nicht nur während des Wettkampfes unterhalten, sondern auch davor. In der Leichtathletik ist es üblich, dass vor Wettkampfbeginn die Teilnehmer namentlich vorgestellt werden. Die Fernsehkamera nimmt sie außerdem ins Bild, damit die Sportler Grüße an die Beobachter senden können.

Den Fokus der Fernsehkamera hat Bolt fast ausnahmslos genutzt, um vor dem Publikum bereits eine eigene Show zu zeigen. Meistens zeigte er dabei Gesten, die seine Stärke betonten und sein großes Selbstvertrauen zum Ausdruck brachten.

Ich kenne diese Situationen, dass man plötzlich im Rampenlicht steht und sich präsentieren muss, selbst. In den seltensten Fällen handelt man in diesen Augenblicken so, wie man sich gerade tatsächlich fühlt. Im Auge des Beobachters präsentiere ich mich vielmehr so, wie ich mich fühlen möchte – ohne Nervosität oder Unsicherheit.

Selbst ein Usain Bolt konnte niemals bereits vor einem Rennen sagen, dass er dieses gewinnen würde. Kein Mensch kann die Unvorhersehbarkeit der Zukunft überwinden und so bleibt immer eine gewisse Unsicherheit. Diese mathematisch und statistisch objektivierbare Unsicherheit drückt sich bei jedem Menschen mit unterschiedlicher Intensität in dem subjektiven Gefühl der Nervosität aus. Natürlich gibt es immer Personen, welche die Ungewissheit weniger tangiert als andere, jedoch kann selbst der coolste Sportler sie nicht leugnen. Nervosität ist ganz normal.

Dennoch versuchen wir, uns diese Nervosität vor einer bevorstehenden Aufgabe nicht anmerken zu lassen und das ist auch gut so. Vor einem sportlichen Wettkampf versuchen wir mit unserer Gelassenheit, den Gegner einzuschüchtern und dessen Nervosität zu steigern. Im positiven Sinne kann eine gewisse Aufregung die Sinne schärfen, im Übermaß provoziert sie jedoch Fehler, da man selbst nicht mehr von den eigenen Handlungen überzeugt ist. Das psychologische Spiel mit der Konkurrenz und den Zuschauern hat Usain Bolt meiner Meinung nach nahezu in Perfektion beherrscht. Allein durch sein Auftreten hat jeder vor dem Rennen bereits seinen Sieg erwartet und so wurde es quasi zu einer sich selbst erfüllenden Prophezeiung.

Wenn Sie sich im alltäglichen Leben mit einer Herausforderung auseinandersetzen müssen, bei der Sie andere Menschen beobachten, ist es ebenfalls sehr wichtig, dass Sie nach außen hin locker wirken – ein Pokerface aufsetzen. Typische Beispiele sind eine Rede oder eine Präsentation, bei denen alle Augen auf Sie gerichtet sind. Sogar für den Fall, dass einige Beobachter erkennen, dass Sie bis zu einem gewissen Grad Ihre Gelassenheit sich selbst befehlen, werden sie Ihre Unsicherheit nicht greifen können und das ist am wichtigsten. Die Zuschauer werden selbst ins

Überlegen kommen, Sie erhalten ihre volle Aufmerksamkeit, weil sie irgendwelche Anzeichen für Nervosität erkennen wollen – wenn Sie ihnen aber bis zum Ende keine Trefferfläche bieten, haben Sie schon gewonnen.

Es ist aber wichtig zwischen Lockerheit und Leichtsinn zu differenzieren. Wenn die Fernsehkameras sich von Usain Bolt abgewendet haben, hat er sofort ein einen Modus höchster Konzentration umgeschaltet – aus dem Pokerface wurde der Tunnelblick. Bei einer Rede oder Präsentation sind Vorstellung und „Wettkampf" im übertragenen Sinne zu derselben Zeit. Wir müssen diesen Spagat also im Gegensatz zu dem Sportler gleichzeitig schaffen. Daher sind meine Maßgabe und der Ratschlag an Sie: Wenn es so etwas wie ein Zusammentreffen vor Ihrer Präsentation gibt, dann vermitteln Sie Gelassenheit und haben auch mal einen lockeren Spruch auf den Lippen. Während Ihrer Rede sollte sich die Gelassenheit aber nur noch in einem freundlichen, kommunikativen und klaren Auftreten widerspiegeln. Die Brücke zu der Konzentration bildet die Klarheit: Artikulieren Sie sich deutlich, um Ihrem Publikum zu zeigen, dass Ihr Vortrag Hand und Fuß hat. Flexibilität ist dabei die Sahnehaube: Beweisen Sie zudem, dass Sie intuitiv auf Zuschauer eingehen können, ohne Ihren Redefluss zu verlieren, heben Sie Ihr rhetorisches Ansehen auf ein neues Level.

25 Differenzieren Sie sich!

Eine der wesentlichen Voraussetzungen, um als besonders wahrgenommen zu werden, besteht darin, Dinge zu tun, die sonst niemand anderes macht. Was in der Betriebswirtschaftslehre bei Produkten unter dem Begriff „Unique Selling Proposition" subsumiert wird, ist auch im persönlichen Auftreten unabdingbar: Wer im Ansehen der Mitmenschen wirklich vorankommen möchte, der darf keinen Einheitsbrei kochen, sondern muss sich vom Rest unterscheiden – neue Ideen entwickeln, auffällig sein, schockieren – je markanter ich in meinem Auftreten bin, desto höher ist die Wahrscheinlichkeit, als besonders wahrgenommen zu werden.

Im Leistungssport hören wir heutzutage oft die Diskussion, ob es noch „echte Typen" wird, oder ob die Gesellschaft nur noch langweilige Konformisten hervorbringt. Gerade im Fußball werden die sogenannten „Leistungszentren" dafür kritisiert, den Individuen schon in Kindesjahren so klare Strukturen vorzugeben, dass die indoktrinierte Disziplin Werte wie Individualität oder allgemein Persönlichkeit unterdrückt. Polarisierende Menschen seien im Hochleistungssport, bei dem es darum geht, zu „funktionieren", nicht mehr erwünscht.

Ich möchte an dieser Stelle keine Erziehungs- oder Ausbildungskonzepte sachlich oder moralisch bewerten. Im Zuge der Professionalisierung von Strukturen wird es immer die Frage geben, ob eine gewisse Standardisierung nicht die schöpferische Kraft des Einzelnen einschränkt. Fakt ist jedoch meiner Meinung nach, dass jede Person für sich selbst in dem für sie vorgegebenem Rahmen in einem freiheitlich-demokratisch geprägten Land wie Deutschland die Möglichkeit besitzt, sich individuell zu entwickeln und – darüber hinaus – sich individuell zu inszenieren.

Aus dem Englischunterricht in der Schule ist mir die Überschrift „making a difference" in Erinnerung geblieben. Es geht um die Würdigung und bis zu einem bestimmten Grad um die Verherrlichung der Tatsache, dass jeder Mensch individuell eingestellt ist und sich dies auch in seinem Verhalten widerspiegeln sollte. Warum gibt es Herdenverhalten? Entmündigen wir uns damit selbst? Sind wir alle nicht dazu aufgefordert, gegen den Strom zu schwimmen, wenn unser Gewissen es uns sagt? Wir bewegen uns hier auf einer sehr philosophischen Ebene und Betrachten eines der Kernthemen des menschlichen Seins – die Individualität.

Wie auch immer wir die aufgeführten Fragen für uns beantworten, eine Tatsache ist meines Erachtens aus analytischer Sicht definitiv zu konstatieren: Wir haben nur dann eine Chance aufzufallen, wenn wir anders sind. Warum hat der finnische Rennfahrer Kimi Raikkönen den Spitznamen „Iceman"? – Er hebt sich von seinen Kollegen durch seine besonders kühle Art ab. Für einige wirkt er dadurch sogar besonders charmant – obwohl wir uns unter Kälte eigentlich einen Widerspruch zu Charme vorstellen. Aber erst durch den Unterschied assoziieren wir überhaupt Tatsachen mit Eigenschaften.

Wenn ich vor einem Publikum stehe und zu einem bestimmten Thema referieren muss, dann habe ich für gewöhnlich Vor- und Nachredner. Ich mache mir also Gedanken darüber, wie ich mich von den anderen unterscheiden kann. An dieser Stelle möchte ich darauf hinweisen, dass ich allerdings den Mainstream, welchen ich eben infrage gestellt habe, für mich zu nutzen weiß: Ich bin der Überzeugung, dass auch bei dem Gedanken der Differenzierung eine Balance gefunden werden muss – zwischen den für das Publikum gewohnten Elementen und der Überraschung. Wenn ich mich nur unterscheide, bin ich so individuell, dass mich keiner versteht. Auch sollte man von einer zu starken Polarisierung Abstand nehmen – je stärker ich durch meine Differenzierung polarisiere, desto höher ist das Risiko, negativ anzukommen. Gleichzeitig kann ich meine Chance, Pluspunkte zu sammeln, dadurch nicht mehr signifikant steigern.

Halten Sie sich also an einen gewissen Kanon (zum Beispiel die Präsentationsform). Suchen Sie nach einem einzigen Element, welches so markant ist, dass es dem Auditorium mit Sicherheit in Erinnerung bleibt – ohne zu sehr zu provozieren. Ich habe beispielsweise mal aus der Innentasche meines Jacketts einen Gegenstand „hervorgezaubert" – Ihrer Kreativität sind keine Grenzen gesetzt!

26   Benutzen Sie nicht den Rückspiegel!

Stellen Sie sich vor, Sie sitzen in einem Rennauto und liegen in einem anspruchsvollen Rennen auf dem zweiten Rang. Wenn in dieser Konstellation über die Ziellinie gefahren würde, wären Sie definitiv zufrieden und hätten sogar mehr aus Ihrem Auto herausgeholt, als Ihnen vorher prognostiziert wurde.

Wie verhalten Sie sich nun? Schauen Sie nach vorne und überlegen, wie Sie sogar das Rennen gewinnen können oder beginnen Sie nachzudenken, wie Sie das Ergebnis nach hinten absichern können? – Ich bin der Meinung, dass derjenige, der in solch einer Situation in den Rückspiegel schaut, in seinem tiefsten Inneren die Hoffnung auf einen Sieg aufgegeben hat. Es mag sein, dass man in einem Wettbewerb nicht favorisiert ist und auch der zweite Platz einen großartigen Erfolg darstellt – aber warum sollten wir uns selbst der Möglichkeit verwehren, nach noch größerem zu streben? Warum sollten wir uns Grenzen setzen, die es vielleicht gar nicht gibt?

Unsere Leistung wird zu einem großen Teil dadurch bestimmt, mit welcher Einstellung wir an unsere Herausforderung herangehen und was uns antreibt – ist es die Angst vor dem Verlieren oder die Lust auf das Gewinnen? Wer in aussichtsreicher Position liegt und nach hinten schaut, der wird von der Angst getrieben, zu verlieren. Diese Person läuft dann Gefahr, durch ihr Handeln eine Dynamik heraufzubeschwören, die eben jene Richtung impliziert... zurückzufallen. Man setzt sich selbst die Grenze des Status Quo und kann nur noch weniger erreichen als diesen – nicht mehr. Der Wunsch nach mehr sorgt auch dafür, dass wir uns nach hinten absichern.

Was bedeutet das also für unser Handeln? Sollten wir nicht dennoch mit dem zufrieden sein, was wir haben und es schützen? – Definitiv ja! Was ist denn ein besserer Schutz als die Flucht nach vorne? Wenn ich mir als Maßstab einen noch stärkeren Konkurrenten setze, denn wird mit der Zeit das Besiegen eines schwächeren zu einer Selbstverständlichkeit. Wenn wir uns schon – wie es in unserer Art liegt – an unseren Mitmenschen orientieren, dann doch bitte an den absoluten Vorbildern. An denen, die uns noch etwas voraushaben, von denen wir lernen möchten, die wir auf kurz oder lang auch überflügeln möchten.

Auch der Sportler in der Spitzenposition sollte nicht nach hinten schauen. Wer ist dann Ihr Gegner? – Sie selbst! Wenn Sie dieses Rennen gewinnen wollen, dann müssen Sie schneller und besser sein als Ihr aktuelles Ich. Die Konkurrenz wird sich an Ihrer jetzigen Performance orientieren und eben diese überbieten wollen. Wenn Sie jetzt daran arbeiten, sich selbst zu übertreffen, wird es kein Verfolger erreichen.

Ich habe mich selbst während meiner Schulzeit oft dabei erwischt, wie ich perfektionistisch gedacht habe. Lange Zeit habe ich überlegt, ob es gesund und sinnvoll ist, seine Einstellung am Maximum auszurichten und ob nicht Unzufriedenheit geradezu provoziert wird, wenn ich zwar ein sehr gutes, aber eben kein optimales Ergebnis erziele. Irgendwann ist mir klar geworden, dass ich meinen Hunger nach der Perfektion – vergleichbar vielleicht mit der Unbesiegbarkeit im Sport – doch in positive Energie ummünzen kann: Natürlich ist kein Mensch perfekt, aber wenn ich mich tagtäglich an der Perfektion orientiere, werde ich mich stetig weiterentwickeln, erfolgreich bleiben und auf manchen Gebieten sogar noch erfolgreicher werden. Sich selbst nach oben keine Grenzen zu setzen, kann sehr erfüllend sein, weil man endlich das Gefühl bekommt, sein Potenzial voll ausschöpfen zu können. Schauen auch Sie nur nach vorne, denn dann werden Sie schon bald keine Angst mehr vor Ihren heutigen Aufgaben haben und können sich ausschließlich der Lust aufs Gewinnen hingeben!

27 Null Prozent Chance, hundert Prozent Wille!

Sie haben sich sicherlich schon einmal dabei erwischt, dass Sie ein Ziel erreicht haben, welches Sie vor einiger Zeit bereits als utopisch abgeschrieben haben. Nahezu jeder Mensch neigt in einer schlechten Phase zur Schwarzmalerei. Die bereits angesprochene Unsicherheit, welche wir alle in uns tragen, ist bei einem schlechten Trend noch größer, sodass wir die Dinge nur noch schwarz und weiß sehen – in diesem Fall ausschließlich negativ.

Ich möchte an dieser Stelle nicht leugnen, dass auch ich hin und wieder in einer unangenehmen Situation dem negativen Denken verfallen bin. Das ist meiner Meinung nach ganz normal – eine menschliche Reaktion auf zuvor schlechtes Feedback (beispielsweise in Form von Ergebnissen). Der entscheidende Punkt ist jedoch, rechtzeitig zu erkennen, dass wir nicht ohnmächtig sind, sondern aus der Situation heraus, dass wir auf dem Blatt Papier keine Chance haben, über uns hinauswachsen können. Wir haben die Chance, ohne Druck an der Sensation zu arbeiten, uns dem Unmöglichen zu verschreiben und es schließlich möglich zu machen.

Noch bevor ich geboren wurde, im Mai 1999, fand in Frankfurt am Main ein für die deutsche Fußball Bundesliga denkwürdiges Spiel zwischen Eintracht Frankfurt und Kaiserslautern statt. Es war der letzte Spieltag – für die Eintracht ging es um nicht weniger als den Verbleib in der höchsten deutschen Spielklasse, Kaiserslautern war eine Topmannschaft der Bundesliga. Erst durch drei Siege zuvor hatte die Eintracht überhaupt ihre theoretische Chance gewahrt, am letzten Spieltag doch noch die Klasse halten zu können und so kam es zu einem wahren Thriller, bei dem sie dennoch in der Außenseiter-Position waren. Die Eintracht musste klar gewinnen – und das gegen die hoch angesehenen Kaiserslauterer.

Etwas mehr als zwanzig Minuten vor Schluss erzielten die Gäste aus Kaiserslautern den Ausgleichstreffer zum 1:1. Wenn ich Ihnen nun sage, dass die Eintracht zu diesem Zeitpunkt noch vier Tore brauchte, um ihr Ziel zu erreichen, werden sie das für ein Ding der Unmöglichkeit halten... ich kürze es ab: In der 89. Minute entschied der Frankfurter Stürmer Jan-Aage Fjörtoft ein Duell mit dem gegnerischen Torwart für sich und schob den Ball souverän zum 5:1-Endstand ein. Die Eintracht blieb in der Bundesliga, der 1. FC Nürnberg musste den bitteren Gang in die Zweitklassigkeit antreten.

Ich habe bei der Beobachtung von Spitzensportlern und auch aus meiner eigenen Erfahrung heraus schon Erfahrungen gesammelt, die ich mir persönlich nur mit der Evolution des Menschen erklären kann: In gefährlichen Situationen, in denen wir etwas zu verlieren haben, entwickeln wir einen Überlebensinstinkt, der uns dazu antreibt, an unsere Leistungsgrenze zu gelangen und in unserer eigenen Ansicht über uns hinauszuwachsen. Während die Jäger und Sammler früher bei der Flucht vor wilden Tieren oder im Überlebenskampf im Anblick ihrer Artgenossen heroische Taten vollbracht haben, sind es heute wir im täglichen Leben, die im Anblick einer drohenden Niederlage Kräfte mobilisieren können, von denen sie selbst gar nichts wissen.

Ich selbst zum Beispiel spiele im Studium gerne mit meinen Kommilitonen in den Pausen Tischfußball. Da wir mittlerweile ziemlich viel Übung haben, sind die Spiele meist sehr ausgeglichen. Hin und wieder kommt es vor, dass ich am Anfang keinen Zugang zu einem Spiel finde und recht schnell klar hinten liege. Wenn mich mein Gegner in dieser Situation etwas (freundschaftlich) zu ärgern versucht, in dem er mir sagt, dass er mich nun im Griff hätte – dann leite ich fast immer aus dieser Provokation eine Stärke ab, mit der ich in Windeseile das Blatt wenden kann. Ich spiele wesentlich besser als bei einem normalen Spielverlauf, weil ich schlicht und ergreifend für mich persönlich diese „Schmach" der angekündigten Niederlage vermeiden will. Der Glaube an die eigene Stärke kann in diesem Zusammenhang Berge versetzen.

Ich möchte Ihnen an dieser Stelle nur einen Rat mit auf den Weg geben: Nutzen Sie die Schutzmechanismen des Menschen aus der Evolution für sich aus. Wenn ein Mitmensch Ihnen sagt, dass Sie etwas nicht erreichen können, dann beweisen Sie ihm das Gegenteil. Ihre Entschlossenheit wird Kräfte in Ihnen wecken, die Ihnen aus dem täglichen Leben gar nicht bekannt sind!

28   Das Spiel dauert nicht neunzig Minuten!

Ich verbleibe weiterhin auf der Ebene des Fußballs. Obwohl ein Spiel formal auf neunzig Minuten beschränkt ist, passiert es immer wieder, dass Auseinandersetzungen erst in der Nachspielzeit entschieden werden. Die eigentliche Spielzeit ist schon abgelaufen und es liegt im Ermessen des Schiedsrichters, wie viel Zeit nachgespielt wird.

Auch außerhalb eines gegebenen Rahmens können große Dinge vollbracht werden. Wer mit Ablauf der neunzigsten Minute beim Fußball den Fehler macht, das Spiel abzuhaken, der wird langfristig niemals erfolgreich sein. Derjenige, der jedoch bis zur allerletzten Sekunde auf seine Chance wartet und diese zu nutzen bereit ist, den fällt nicht selten in der Nachspielzeit der Ball vor die Füße und er muss ihn nur noch verwandeln.

Das Leben ist in diesem Zusammenhang vergleichbar mit einem Fußballspiel – der Unterschied liegt darin, dass Sie selbst bestimmen, wann eines Ihrer Spiele beendet ist. Sie haben den Vorteil, dass es eben keinen Schiedsrichter gibt, der mit seinem Schlusspfiff endgültig über Sieger und Verlierer entscheidet. Wir sind sicherlich einer Meinung, dass jeder Mensch sich manchmal gut und ab und zu schlecht fühlt. Unsere aktuelle Situation ergibt sich immer aus der Summe der Entscheidungen, welche wir bis dahin getroffen haben. Die Personen, welche die guten Momente als das jeweilige Ende eines Spieles interpretieren, wähnen sich selbst auf der Siegerstraße und entwickeln mit der Zeit ein höheres Selbstwertgefühl, das ihnen automatisch ein Selbstverständnis der eigenen Stärke beschert.

Jeder Weg ist einmal beschwerlich. Ob im Privaten, auf der Arbeit, in der Schule oder beim Sport – wir gelangen immer wieder an Punkte, an denen wir uns unwohl fühlen, weil etwas nicht so läuft, wie wir uns das vorstellen. Ein paar Tage später jedoch kann alles ganz anders aussehen. Wenn wir in diesen Momenten innehalten und uns bewusst machen, dass diese guten Dinge gerade aus dem vorherigen Misserfolg entstanden sind, wir aber nun an unserem Ziel angekommen sind, dann lernen wir daraus zwei elementare Sachen: Erstens erkennen wir, dass wir trotz (oder gerade wegen?) des kurzfristigen Misserfolges dennoch langfristig gesehen etwas Großes erreicht haben. Dies macht uns gelassener, wenn es wieder einmal nicht so läuft, wie es eigentlich laufen soll. Zweitens erwächst aus dieser Ansicht eine Mentalität, dass man mit der nötigen Zielstrebigkeit und einem Nachdruck im Handeln dauerhaft immer an seine Ziele gelangt.

Von einem englischen Fußballexperten wurde einmal der noch heute berühmte Satz geprägt „Am Ende gewinnen immer die Deutschen." Natürlich ist diese These bei einer empirischen Betrachtung nicht tragbar, aber sie illustriert genau das von mir dargestellte Beispiel: Durch ganz bestimmte Tugenden verhält es sich beim Fußball anscheinend so, dass die deutsche Fußballnationalmannschaft in den entscheidenden Momenten immer diesen einen Schritt schneller ist als ihre Gegner. Diesen subjektiven Eindruck kann man nicht objektiv belegen und leider ist dieser Eindruck der Unbesiegbarkeit in den letzten Jahren auch nachhaltig verblasst, aber das tut in diesem Kontext nichts zur Sache.

Es ist egal, was auf meinem Weg passiert und wer sich mir in den Weg stellt – am Ende gewinne immer ich! Wenn Sie sich diesen Satz bewusst machen und dennoch nicht in Hybris verfallen, dann werden Sie eine Einstellung entwickeln, dank der Sie keine Angst mehr vor der Konfrontation haben. Sie können geradezu frei aufspielen – Sie sind schließlich in Ihrem eigenen Spiel Teilnehmer und Schiedsrichter zugleich. Nutzen Sie diesen Vorteil für sich aus, um erfolgreicher, sowie erfolgreicher und motivierter zu werden. Erfolg ist der beste Motivator!

29   Wer nicht wagt...

Zum Abschluss dieses Abschnitts noch eine allgemeine Weisheit – wer nicht wagt, der nicht gewinnt. Es wurde in diesem Abschnitt nun hinreichend beschrieben, dass sich jedes menschliche Individuum einer Unsicherheit gegenüber der eigenen Zukunft ausgesetzt sieht. Die Frage ist schließlich, wie wir mit dieser Unsicherheit umgehen. Es wurde bereits erläutert, dass Nervosität in Wettkämpfen zur Behauptung der eigenen Position gerne mal heruntergespielt wird und dass dieses psychologische Mittel durchaus seinen Sinn hat.

Ich rufe nun dazu auf, der eigenen Unsicherheit im Handeln proaktiv zu begegnen, indem ich nicht nur das Risiko betrachte, sondern auch die Chance würdige, die sich dahinter verbirgt. Wenn ich mir einen Normalfall (deckungsgleich mit einem realistischen Ziel) vorstelle, dann drückt sich die Unsicherheit darin aus, dass ich in einem Worst Case Szenario dieses Ziel verfehlen kann. Es wird in diesem Kontext oftmals vergessen, dass es doch auch ein Best Case Szenario gibt – eine Zielübererfüllung. Der Preis des Risikos, welchen wir in unserem Leben permanent zahlen, wird durch die Chance ausgeglichen, dass wir auch mehr erreichen können, als wir von uns selbst erwarten.

An dieser Stelle eine kleine Erläuterung zu dem Begriff der „Entscheidung". Dieser impliziert, dass wir zwischen verschiedenen Handlungsalternativen wählen und einige ausschließen. Da wir uns durch Entscheidungen also bewusst bestimmte Türen verschließen, sind wir von Natur aus nicht gerade entscheidungsfreudig.

Jede schlechte Entscheidung ist meiner Meinung nach besser als keine Entscheidung. Die Perfektion ist ein Grenzprozess. Das Individuum kann niemals „perfekt zufrieden" sein, es kann nur versuchen, sich diesem Zustand immer weiter anzunähern. Eine Entscheidungsvermeidung bedeutet, dass ich meine aktuelle Situation nicht verändere. Der Stillstand ist auf Dauer gesehen für das Individuum unbefriedigend und es beginnt, ein Gefühl von Reue zu entwickeln, dass es keine Entscheidung getroffen hat.

Dem entgegenhalten könnte man die These, dass man nicht nicht entscheiden kann. Das stimmt in meinen Augen nur partiell. Natürlich bewegt mich immer ein gewisser Impuls zum Handeln oder Nicht-Handeln. Zu zögern jedoch bedeutet, dass ich meine Handlung nicht bewusst steuere. Das Bewusstsein legt eine Pause ein, sodass ich mein Handeln nicht nach außen vertreten kann. Einzig das unbewusste Zögern kann ich einem Dritten nicht erklären – wenn ich mich dagegen bewusst zum Nichtstun entscheide, dann habe ich meine Gründe und kann mein Auftreten rechtfertigen.

Zwei Dinge sollen mit dieser Argumentation klar werden: Zum einen wird nicht dazu aufgerufen, in blinden Aktionismus zu verfallen und sein ganzes Leben durch Entscheidungen täglich auf den Kopf zu stellen. Auch Nichtstun ist eine Handlungsoption – sie muss jedoch dem eigenen Gewissen und Dritten gegenüber fundiert begründet sein. Außerdem lebt der Mensch davon, in seinem Leben niemals Perfektion zu erreichen. Schlechte Entscheidungen sind also vor dem Hintergrund halb so wild, als dass Sie schon bald wieder eine neue Möglichkeit erhalten werden, sich zu entscheiden.

Im wahrsten Sinne des Wortes „entscheidend" sind das Bewusstsein und in der Entscheidungsfindung die Vernunft! Vernünftige

Entscheidungen können in einem bestimmten Moment subjektiv bewertet falsch sein, aber die Vernunft sollte die Richtschnur für ein bewusstes Handeln sein. Dann werden Sie von Ihren Mitmenschen positiv wahrgenommen und langfristig werden Sie immer auf Zustimmung stoßen und Recht bekommen – so schlecht können Ihre vernünftigen Entscheidungsprinzipien also gar nicht sein!

3. Abschnitt:

Ihr „Marktwert"

30   Jeder hat einzigartige Stärken!

Den wenigsten Menschen wird ein außerordentliches Talent in die Wiege gelegt. Eine sportliche, musikalische oder künstlerische Veranlagung ist zwar zumeist bereits in Kindesjahren ersichtlich, jedoch müssen diese Stärken noch individuell entwickelt werden, was stark von der charakterlichen Konstitution abhängt.

Meiner Meinung nach hat jeder Mensch Stärken, die ihn von anderen Individuen unterscheiden. Würde jeder seine persönlichen Möglichkeiten individuell optimal ausnutzen, dann würden wir in einer Welt voller Stars leben. Das ist eine Theorie, die eigentlich so nicht tragbar ist – würde jeder zu den stärkeren gehören, gäbe es keine schwächeren mehr. Hier beißt sich die Katze offensichtlich in den Schwanz.

Was ist jedoch, wenn jede Person dazu imstande ist, Großes zu leisten, die wenigsten aber nur von ihrer Einzigartigkeit wissen? Sie sind entweder über sich selbst im Unklaren oder verharren auf ewig in einer Hoffnungslosigkeit, niemals als besonders wahrgenommen zu werden.

Dabei hat jeder Mensch die Möglichkeit, positiv ins Rampenlicht zu rücken. Wie viele heutige Spitzensportler haben zu Kindeszeiten in ärmsten Verhältnissen gelebt, wie viele Künstler haben ihre prekären Erfahrungen in ihren späteren Werken ausgedrückt? Der Weltklasse-Fußballer Sadio Mane vom FC Liverpool beispielsweise ist in Afrika in völliger Armut aufgewachsen – heute hilft er mit seinen Millionen dabei, die Infrastruktur in der Heimat aufzubauen und den Menschen dort Hoffnung zu schenken.

Ich möchte an dieser Stelle kein idealistisches Weltbild skizzieren. Die Welt ist nicht gerecht und an vielen Stellen werden individuelle Stärken unterdrückt. Ich möchte jedoch klarstellen, dass es Individuen gibt, die sogar aus dem scheinbar absoluten Nichts den Durchbruch geschafft haben, weshalb jeder Mensch zumindest die Hoffnung in seine eigene Großartigkeit haben sollte.

Dieser Abschnitt steht unter der Überschrift „Marktwert". Ich habe ihn aus dem Vokabular des Fußballs übernommen. In für außenstehende astronomisch wirkenden Geldsummen wird die Werthaltigkeit eines Fußballers gemessen. Die Ablösesummen für Vereinswechsel liegen durch rapide Entwicklungen im Bereich von Angebot und Nachfrage (sowie der sich im Umlauf befindlichen Geldmenge) noch darüber. Die meisten von Ihnen werden bestimmt schon einmal von dem Wechsel des Brasilianers Neymar vom FC Barcelona zu Paris St. Germain gehört haben – 222 Millionen (!) soll sich der französische Hauptstadtklub den Ausnahmefußballer haben kosten lassen.

Mein Ansatz liegt darin, dass wir alle auf unserem starken Gebiet einen ähnlichen Marktwert besitzen. Wir können als Individuen für die restlichen Menschen nahezu unendlich wertvoll sein. Das Wissen um die eigenen Stärken und ihr zielgenauer Einsatz sind dabei entscheidend. Dies hat viel mit Selbsterfahrung und Selbsterkennung zutun. Sie müssen sich erst selbst entschlüsseln, bevor Sie sich in den Wettbewerb des Lebens begeben! Tauchen Sie dabei tief ein – fragen Sie nicht nach den Ausprägungen Ihrer Stärken, sondern nach den Eigenschaften, die diese erst durchscheinen lassen. Intelligenz drückt sich erst sekundär in klugen Worten aus – originär stecken dahinter Charaktereigenschaften wie Wissbegierigkeit, Ausdauer oder Disziplin.

Zum Abschluss noch ein schillerndes Beispiel aus dem Leistungssport. Die Bahnradfahrerin Kristina Vogel hat bei internationalen und globalen Wettkämpfen jahrelang ihre Konkurrenz dominiert, bis ein Unfall sie in den Rollstuhl zwang. Durch einen aktiven Umgang mit ihrem Schicksal ist sie jedoch nicht von der Bildfläche verschwunden, sondern steht nun im Fokus wie noch nie zuvor. Sie verwirklicht sich nun zum Beispiel als Trainerin. In meinen Augen liegt ihr besonderer Wert nicht in ihrem sportlichen Talent, sondern in ihrem ausgeprägten Kampfgeist – einer Charaktereigenschaft, welche sie von vielen Mitmenschen unterscheidet.

Welche besonderen Charaktereigenschaften machen Sie aus? Der Weg zu den eigenen Stärken ist zunächst eine Reflexion des eigenen Charakters!

31   Sie sind unschätzbar wertvoll!

Dieser Aspekt knüpft an dem Marktwertkonzept des vorherigen Kapitels an und erweitert dieses um eine ethische Pointe. Steht es uns eigentlich zu, den Wert von Leistungen so zu messen, dass wir darunter den Wert von Personen subsumieren? Sobald wir anfangen, das menschliche Individuum zu einem produktiven Gegenstand zu machen, werten wir es ab. So blöd es klingt – wenn wir einen Neymar mit einer Ablösesumme von 222 Millionen Euro beziffern, dann werten wir ihn persönlich als Menschen ab, weil wir ihn auf eine Zahl reduzieren – auch wenn diese zugegebenermaßen exorbitant hoch erscheint.

Unsere Taten und unser Sein sind zwei verschiedene paar Schuhe. Wir können dieses ethische Problem der monetären Wertigkeit von Menschen dadurch zumindest annähernd beheben, indem wir das Sein des Einzelnen als unendlich wertvoll charakterisieren. Auch wenn die Unendlichkeit für uns nicht greifbar ist und dieser Ansatz deshalb unbefriedigend erscheint, so ist er meiner Meinung nach der einzig richtige, wenn wir heutzutage Werte wie die Würde des Menschen leben wollen. Wenn wir menschliche Leistungen in Zahlen(werten) ausdrücken, dann soll dies nur geschehen, weil es uns unmöglich ist, den unendlich hohen Wert des Lebens für jedes einzelne Lebewesen zu begreifen. Gesellschaften brauchen allerdings Strukturen und deshalb müssen wir uns solcher Abhilfen bedienen. Aus diesem Grund ist jener moralisch gut, der die Menschen niemals nach subjektiven oder quantitativen Einschätzungen beurteilt, sondern qualitative Erfahrungen mit seinem Mitmenschen sammeln möchte, bevor er sich sein Bild macht. Natürlich ist dies in der Praxis fast unmöglich umzusetzen – das Gesetz des ersten Eindruckes würde damit unter anderem ad absurdum geführt werden.

Dennoch ist es in meinen Augen wichtig, sich dieses Malus im menschlichen Umgang bewusst zu sein. Der Respekt vor dem Sein und den Leistungen Ihres Nächsten sollte immer hoch sein – denn wir sind alle Menschen. Nicht mehr, aber eben auch nicht weniger!

Wenn wir im Sein alle gleich sind, so sind wir in den Leistungen doch unterschiedlich. Genau dieser Unterschied macht die Schwierigkeit der Leistungsmessung und -bewertung aus. Wer darf es sich denn theoretisch anmaßen, die Wertigkeit der Leistung eines anderen zu beurteilen, wenn diese doch individuell ist? In diesem Kontext wirken jegliche Bewertungsskalen opportunistisch.

Sie sind es auch – aber für eine einfache, geordnete Welt benötigen wir Menschen nunmal auch ein bisschen Opportunismus. Ich möchte in Ihnen mit meinem Ansatz und der zugegebenermaßen sehr extremen Ansicht jedoch ein gewisses Selbstverständnis provozieren: Sie sind wer, Sie sind einzigartig, Sie sind als Mensch unendlich wertvoll und – auf den Punkt gebracht – eigentlich kann Ihnen keiner etwas! Es liegt in Ihrer eigenen Hand, Ihre schöpferische Kraft für ein schönes Leben zu verwenden. Spielen Sie nur auf Feldern, auf denen Sie stark sind und die Ihnen Spaß machen. Finden Sie die Mitmenschen, die Ihren unendlichen Wert erkennen und Sie nicht in irgendwelche Zahlenschubladen schieben. Suchen Sie Ihren Lebensmittelpunkt, in dem Sie sich wohlfühlen. Lassen Sie Ihr volles Potenzial zutage treten, indem Sie eines sind – Sie selbst! Neid von Mitmenschen ist für Sie nur eine Bestätigung über den Frust der anderen, dass sie Sie nicht kopieren können!

32 „Sie hatten alles – sie mussten nur noch gewinnen."

Ich komme an dieser Stelle wieder auf ein bereits in Kapitel 1 verwendetes Zitat von dem Fußball-Trainer Niko Kovac zurück. Im Mai 2018 hat dieser als Coach von Eintracht Frankfurt gegen den großen Favoriten FC Bayern München den DFB-Pokal gewonnen. Die Geschichte des Pokalsieges der Eintracht wurde später aufgrund seiner Dramaturgie und der großen Emotionen rund um den Coup verfilmt und Kovac hat diese Aussage in dem Film in Bezug auf die Spielvorbereitung getroffen.

In den Worten von dem Trainer steckt eine gewisse Spannung, wenn man die Rollenverteilung der beiden Kontrahenten im Vorfeld betrachtet. Sie suggerieren eine Einfachheit, die diese Mammutaufgabe für die „Adler" aber keinesfalls besaß. Was wollte Kovac also damit ausdrücken als er sagte, sie mussten *nur noch* gewinnen?

Meiner Ansicht nach hat er diese Formulierung bewusst gewählt, um zu verdeutlichen, dass die Macht des Einzelnen (oder in diesem Fall der Mannschaft) über die eigenen Handlungen immer bei einem selbst liegt. Nur weil man vielleicht kleiner oder geringer eingeschätzt wird, heißt das nicht, dass man nicht aus eigener Kraft in der Lage ist, großes zu vollbringen. Der scheinbar Schwächere hat oftmals nicht die Angst, weniger im Repertoire zu haben als die Gegner – seine Angst liegt darin, plötzlich genauso stark zu sein und die Situation nicht annehmen zu können. Wenn ich tatsächlich schlechter bin, dann ärgere ich mich tendenziell weniger über eine Niederlage als für den Fall, dass ich mich im Nachhinein doch als mindestens ebenbürtig einschätze. Ich entwickle Reue. Stehe ich also im Angesicht der Besten, dann kann ich es auch zu Ende führen, ich muss einfach *nur noch* gewinnen – ich bin ja auch irgendwie in diese Situation gekommen.

Legt man nun wieder die Gedanken vom Anfang dieses Abschnittes über den „Marktwert" zugrunde, dann wird so langsam eine Logik ersichtlich. Gibt es nach diesem Modell überhaupt „stark" und „schwach"? – Nein! Genau wie es Kovac auf die Ebene des Fußballs bezieht, können wir es auch auf das Leben übertragen... sie haben alles! Jeder hat etwas, in dem er sich mit jedem messen kann. Wenn ich das Spielfeld des Lebens richtig bespiele, kann ich immer erfolgreich sein – wenn die Eintracht aus Frankfurt ihre Stärken ausspielt, dann kann sie auch die Bayern schlagen, weil es in der Wertigkeit von den Menschen und ihren Leistungen keine Unterschiede gibt. Individualität ist ungleich Leistungsunterschied!

33   Entwickeln Sie Ihren eigenen Stil!

Damit Ihre Individualität auch im Auftreten zur Geltung kommt, ist es wichtig, dass Sie Verhaltensmerkmale an den Tag legen, welche Sie wiedererkennbar machen. Die Kunst liegt darin, dass Dritte bestimmte Handlungen als Ihre erkennen, ohne dass sie über deren Urheber in sicherer Kenntnis sind. Die Schärfung des eigenen Profils ist ein erster Schritt, um nach außen hin als jemand Besonderes wahrgenommen zu werden und auf Mitmenschen eine gewisse Faszination auszuüben.

Mein persönlicher Stil drückt sich vor allem in der Artikulation aus. Eine ausschmückende Ausdrucksweise unter Verwendung von Fachbegriffen und selten verwendeten Ausdrücken gibt meiner Wortwahl einen Wiedererkennungswert, über den ich sehr froh bin. Selbstverständlich polarisiere ich auch mit meiner Wortwahl. Einige Mitmenschen empfinden sie als kompliziert und leicht aufgesetzt, während andere zum Beispiel über meinen Wortschatz erstaunt sind. Ein guter Freund von mir hat einmal über mich gesagt: „Tobias – seine Waffe ist das Wort."

Ich möchte mit meiner Art nicht jedem gefallen, aber natürlich dennoch zumindest auf eine breite Zustimmung und Anerkennung stoßen. Es ist wichtig, dass meine Mitmenschen die Werthaltigkeit meiner Art erkennen – ganz gleich, ob sie dieser sehr positiv oder kritisch gegenüberstehen.

Wenn man Personen, die mich kennen, einen Schriftsatz von mir zum Lesen gibt, ohne dass mein Name auf dem Blatt Papier steht, werden sie mit großer Sicherheit meine Wortwahl wiedererkennen und mich als den Verfasser identifizieren. Sie wissen um meine Stärken, worüber sich die Ausprägung beziehungsweise Entfaltung meines ganz persönlichen individuellen Wertes ausdrückt.

Die Tatsache, dass ich mich gut artikulieren kann, bedeutet aber noch lange nicht, dass dieses Talent auch auf fruchtbaren Boden fällt. Es ist wichtig, dass man sein Können auch in der täglichen Praxis so einbringen kann, dass es herausscheint. Schöne, aber leere, Worte bringen mich schließlich auch nicht weiter.

Es kommt also auf eine gewisse Kontinuität in der Anwendung des eigenen Stiles an – am besten sollte er in jeder Lebenssituation angewendet werden. Ob in der Schule, in der Universität, auf der Arbeit, im Privaten oder in der anonymen Öffentlichkeit – je häufiger man Sie mit Ihrem Stil erkennt, desto authentischer werden Sie.

Authentizität ist eine der entscheidenden Voraussetzungen für Sympathie. Je authentischer Sie im Auftreten auf Ihre Mitmenschen wirken, desto mehr vertrauen diese in die Aufrichtigkeit Ihres Handelns und Sie werden positiv wahrgenommen. Gerade bei einer bewussten Veränderung oder Weiterentwicklung Ihres Stils müssen Sie aufpassen, sukzessiv vorzugehen, um das Vertrauen in die Glaubwürdigkeit Ihrer Person zu schützen. Wenn Sie Ihr Auftreten zudem permanent an den Tag legen und nicht zwischen zwei Typen wechseln, wird der Vertrauensprozess sehr schnell vonstattengehen. Eine Fußballmannschaft, die ihr System ändert, wird auch nicht von heute auf morgen komplett anders spielen – langfristig gesehen kann sie sich aber nachhaltig weiterentwickeln und dadurch erfolgreicher werden.

Aber warum reden wir überhaupt über einen eigenen Stil und Authentizität? Wenn ich mich doch darauf konzentrieren muss, so aufzutreten, wie ich sein will – kann das dann überhaupt richtig sein? Bin das wirklich ich?

Ja! Die Verantwortung, sein Schicksal in die eigene Hand zu nehmen, liegt bei jedem selbst. Wenn Sie nicht damit zufrieden sind, wie Sie wahrgenommen werden oder Ihr Ansehen steigern möchten, dann müssen Sie ihr alltägliches Verhalten ändern. Sie dürfen eine Vorstellung davon haben, wie Sie gerne sein möchten und Sie dürfen diese auch umsetzen. Da der Mensch von Natur aus ein „Gewohnheitstier" ist, wird es eine Weile dauern, bis Sie selbstverständlich Ihren neuen Stil anwenden. Aber ich verspreche Ihnen: Es wird von Tag zu Tag einfacher und Sie werden immer positiver damit wahrgenommen!

34   Repräsentieren Sie Ihre Marke!

Cristiano Ronaldo – wer kennt ihn nicht? Nicht nur in der Fußballszene ist dieser Name omnipräsent, er ist auch sonst nahezu jeder Person ein Begriff. Der portugiesische Weltklasse-Stürmer fällt nicht nur durch seine vielen Tore und sein Auftreten auf, sondern vermarktet zudem seine Person sehr schillernd. Unter dem Label „CR7" wird unter anderem Unterwäsche vertrieben, welche viele männliche Wesen mit Stolz tragen. So zu sein wie Cristiano Ronaldo ist fast schon ein Statussymbol.

Was macht eine gute Marke aus? Hierzu bemühe ich einmal meine Kenntnisse aus der Betriebswirtschaftslehre. Eine Marke muss erkennbar, bekannt und beständig sein. Die Erkennbarkeit definiert sich darüber, dass Artikel klar von Konkurrenzmarken zu unterscheiden sind. Es gibt nur einen CR7, nur einen mit einem solch markanten Anlauf beim Freistoß und einem solch aufreizenden Jubel. Die Bekanntheit erklärt sich von selbst – eine Marke, die man nicht kennt, ist keine Marke. Würde niemand Cristiano Ronaldo kennen, hätte er keine öffentliche Vorbildfunktion und niemand wäre an seiner Unterwäsche interessiert. Die Beständigkeit ist so etwas wie die DNA einer Marke und korreliert stark mit den beiden zuvor genannten Punkten. In einem langen Prozess erarbeitet man sich die Erkennbarkeit und Bekanntheit – wenn man nun beliebig seine Merkmale ändert, werden die Mitmenschen verwirrt und erkennen die Marke nicht wieder. Ich wage zum Beispiel zu behaupten, dass Cristiano Ronaldo keine andere Rückennummer als die Sieben mehr akzeptieren wird – einfach, weil er seinen Markennamen „CR7" nicht mehr ablegen möchte.

Eine weitere Besonderheit einer Marke ist, dass sie eine gewisse Exklusivität ausdrückt. Die Person (oder das Unternehmen), welche die Marke prägt, hat ein Alleinstellungsmerkmal und eine Vorbildfunktion. Oftmals verkörpert sie auch ein gewisses Prestige – bei Kleidungsstücken wird dieses beispielsweise gerne am Preis gemessen. Cristiano Ronaldo repräsentiert auf Prestige-Ebene vor allem den Erfolg. Deshalb ist er auch mit seiner Unterwäsche so erfolgreich – wer seine Marke trägt, der ist erfolgreich... oder besser gesagt: wird erfolgreich. Auf welchen Ebenen dieser Erfolg bei Unterwäsche stattfindet, sei mal dahingestellt, aber ein Aspekt wird deutlich: Eine erfolgreiche Marke erzeugt ein Trittbrettfahrertum bei dem Kunden und kann sich nahezu spielerisch auch auf neuen Geschäftsfeldern bewegen.

Was haben Sie nun mit einer Marke zu tun? - Mit der richtigen Ausgestaltung des Ansatzes aus dem letzten Kapitel sehr viel. Wenn Sie Ihren eigenen Stil entwickelt haben und dieser akzeptiert wird, besitzen Sie schon einmal einen Wiedererkennungswert. Sie möchten außerdem Ihren Stil in Ihrem Auftreten fest etablieren und diesen geradezu unbewusst in jeder Lebenssituation verkörpern – er soll also beständig sein. Warum möchten Sie einen besonderen Stil pflegen? – Sie möchten für ihn bekannt werden und aus der Bekanntheit soll eine Wertschätzung erwachsen.

Die eigene Marke ist also das Endergebnis eines markanten Stils. Ich möchte Sie an dieser Stelle nicht dazu bewegen, in die Modebranche einzusteigen und Cristiano Ronaldo Konkurrenz zu machen... aber haben Sie schon einmal gedacht, dass Sie sich doch auch jeden Tag irgendwie selbst vermarkten müssen? Wäre es nicht cool, wenn es nicht Ihr Auftreten braucht, um Sie wiederzuerkennen, sondern nur ein Zeichen? Ist es Hybris, wenn Sie ein eigenes Logo haben? – Ich glaube nicht, ich halte es für genial. Eine Marke gibt ein Qualitätsversprechen und ein akzeptiertes Logo ist eine Bestätigung der eigenen Qualität durch Dritte. Es attestiert Ihnen zwei der wichtigsten Werte unserer heutigen Zeit – Individualität und Selbstverwirklichung. Denken Sie einmal darüber nach...

35   Erweitern Sie Ihren Horizont!

Wir Menschen neigen dazu, unsere Profession in das Zentrum unseres Lebens zu stellen und dabei die Dinge links und rechts von uns aus dem Blickwinkel zu verlieren. Genauso wie es notwendig ist, seine Stärken zu identifizieren, diese zu verfestigen und daraus eine Spezialisierung abzuleiten, so wichtig ist es auch, sich nicht auf eine Einbahnstraße zu begeben, wodurch der Sinn für das Neue und Unbekannte verloren gehen würde. Warum spielen zum Beispiel viele Fußballer in ihrer Freizeit gerne Golf? – Sie trainieren indirekt ihre Präzision und ihre Fähigkeit, sich in einem Sport zu verbessern, der nicht ihr Steckenpferd ist... und profitieren dadurch auch für ihre persönliche Weiterentwicklung auf dem Fußballplatz.

Wenn wir vor einer großen Herausforderung stehen, dann werden wir dazu verleitet, lediglich die offensichtlichen Aspekte für ihre Bewältigung zu beachten. Nennen Sie es meinetwegen „Hard Information" und „Soft Information". Die harten Informationen sind die, welche für das Bestehen einer Prüfung originär benötigt werden, die soften benötigen wir dagegen, um geistige Transferleistungen erbringen zu können und neue Sachverhalte zu erschließen, wie es in Prüfungssituationen oftmals gefordert wird.

Ich kann Ihnen an dieser Stelle ein einfaches Beispiel aus meiner Schulzeit geben. Bevor ich in die gymnasiale Oberstufe eingetreten bin, habe ich mir in den Sommerferien ein Buch mit allgemeinen Informationen über Deutschland durchgelesen. Von der Vegetation, über die Geschichte, die Politik bis hin zu Kunst und Kultur – ich habe mir für meine Allgemeinbildung ein umfangreiches Universalwerk ausgesucht.

Ganz ehrlich – ich kann Ihnen nicht sagen, ob ich eine der Informationen, die ich in diesem Werk erhalten habe, jemals bewusst in einer späteren Prüfung angewendet habe. Aber ich bin absolut überzeugt davon, dass sie mir dabei geholfen haben, eine generalistische Grundbildung zu bekommen, welche ich beispielsweise in dem Verständnis von Texten anwenden konnte.

Wenn in dem Fach Geschichte zum Beispiel ein Immanuel Kant über den kategorischen Imperativ geschrieben hat und wir die Aufgabe hatten, die Worte des Intellektuellen zu analysieren, dann haben uns keine harten Fakten geholfen, sondern eben softe Informationen. Der Überblick, das Wissen über die deutsche Geschichte, hilft geradezu, im Nachhinein historische Ereignisse zu rekonstruieren und Worte zu plausibilisieren. Man entwickelt ein Verständnis von dem, was man schreibt – ohne sich selbst

bewusst zu sein, dass man auf eine konkrete Information zurück-
gegriffen hat, die man außerhalb des „Rasters" erhalten hat.

Ich möchte Sie deshalb gerne dazu animieren, in Ihrer Freizeit o-
der gerade bei Ihrer täglichen Tätigkeit auch einmal Dinge auszuprobieren, welche nur im weiteren Sinne etwas mit Ihrer Profession gemeinsam haben. Sie werden vielleicht nicht konkret spüren, an welcher Stelle Sie dadurch einen Mehrwert generiert haben, aber Sie werden mit an Sicherheit grenzender Wahrscheinlichkeit flexibler und – es wundert mich, dass ich dieses Wort bisher noch gar nicht verwendet habe – smarter.

Smart zu sein ist für mich eine Symbiose aus Intelligenz und was
ich aus dieser Intelligenz mache. Der Begriff Intelligenz stammt
aus dem Lateinischen und kann im weiteren Sinne mit „zwischen
den Zeilen lesen" übersetzt werden. Eine intelligente Person besitzt die Fähigkeit, aus Situationen Sachverhalte zu erkennen,
welche nur unterschwellig und nicht offensichtlich dargestellt werden. Eine smarte Person kann darüber hinaus ihre Intelligenz in
der Öffentlichkeit unter Beweis stellen und für sich aktiv nutzen.
Eine intelligente Person ist daher noch lange nicht smart.

Erweitern Sie also Ihren Horizont, um smarter zu werden, damit
Sie die komplexen Aufgaben des Lebens geschickter und effizi-
enter lösen können. Sie legen sich damit im übertragenen Sinne
Werkzeuge zu, von denen Sie heute noch nicht glauben, dass Sie
sie einmal benötigen werden, aber eines Tages werden Sie froh
sein, dass sie bei Ihnen im Schrank stehen.

36   Seien Sie ein Teamplayer!

Menschen sind von Natur aus Gruppenwesen. Als Einzelgänger
haben es die Individuen schwerer, da sie eben nicht universale
Fähigkeiten besitzen, sondern sich ihre Menschlichkeit in persönlichen Stärken – und eben auch Schwächen – ausdrückt. Aus diesem Grund können wir alle von den sozialen Gruppen, in denen
wir uns bewegen, enorm profitieren.

Kennen Sie das biologische Konzept des Altruismus? Dieser unter anderem aus dem Tierreich stammende Ausdruck bezeichnet das zweckmäßige Teilen von Ressourcen zu einem scheinbaren persönlichen Nachteil, während der Nächste bevorzugt wird. Betrachtet man das Phänomen jedoch aus der Sicht des Empfangenden, dann tritt der Vorteil für den Schenkenden schnell zutage: In den Situationen, wenn ich selbst Hilfe benötige, wird mir dann auch geholfen. Altruismus ist also nichts anderes als eine bedarfsgerechte Ressourcenallokation, um das Fortbestehen einer Art zu sichern.

Wenn ein Mensch ausschließlich egoistisch handelt, dann gefährdet er also im übertragenen Sinne nicht nur seine Art als Ganze, sondern auch sich selbst. Der makabre Spruch „Wenn jeder an sich selbst denkt, ist an alle gedacht." besitzt halt eben doch nicht seine Berechtigung, wenn man es einmal zu Ende denkt.

Die Formel 1 beispielsweise ist eine Rennsportart, welche per Definition stark auf den einzelnen Fahrer ausgerichtet ist. Auch wenn es verschiedene Hersteller und Teams gibt, deren Leiter kollektive Ziele verfolgen, so ist der Weltmeistertitel für den einzelnen Fahrer dennoch der prestigeträchtigste Erfolg und es werden zumeist die Leistungen der Piloten verglichen. Umso erstaunlicher erschien für mich in diesem Kontext zunächst die Aussage des jungen Ferrari-Fahrers Charles Leclerc, der meinte, dass sich Teamarbeit immer auszahle. Natürlich bin ich selbst von diesem Gedanken überzeugt, jedoch hat mich die Aussage im Kontext dieser Sportart etwas verwundert.

Wenn ich jemand anderem etwas gebe, dann fühlt sich diese Person in der Regel dazu verpflichtet, etwas zurückzugeben. „Wie du mir, so ich dir" kann eben nicht nur negativ gemeint sein, sondern auch im Sinne einer langfristigen partnerschaftlichen Zusammenarbeit. Wenn Charles Leclerc meint, dass er beispielsweise seinem Teamkollegen gerne hilft, dann weiß er ganz sicher, dass er sich bei seinem Kollegen sowie den Verantwortlichen seines Teams oder der Öffentlichkeit durch das selbstlose Verhalten einen Kredit aufbaut, welcher irgendwann zurückgezahlt werden muss. Wenn dies sein Teamkollege aus Egoismus selbst nicht erledigt, wird entweder das Team ihn in einer bestimmten Situation bevorzugen oder die Öffentlichkeit wird eine Ungerechtigkeit identifizieren, welche die anderen wiederum unter Druck setzt, doch im Sinne von Leclerc zu handeln. Er hat also Recht – langfristig wird man immer von dem eigenen positiven Teamverhalten profitieren.

Ich möchte allerdings an dieser Stelle mit Nachdruck darauf hinweisen, altruistisches Verhalten für sich selbst nicht als Form des Egoismus auszulegen. Den Mitmenschen ausschließlich zu helfen, um ein Schuldverhältnis zu eigenen Gunsten aufzubauen, ist in meinen Augen erstens nicht der Weisheit letzter Schluss und zweitens charakterlich verwerflich mit leicht psychopathischen Zügen. Wir haben eine Verantwortung, das Zusammenleben mit unseren Mitmenschen friedlich und partnerschaftlich zu gestalten und sollten daher den Altruismus leben – und schon gar nicht in ein Aufrechnen von gegenseitigen Hilfeleistungen verfallen. Die Menschen sind nicht blöd und werden langfristig auch die Fassade des intriganten Teamplayers enttarnen sowie sanktionieren. Seien Sie also bereit dazu, Ihren Mitmenschen zu helfen und haben Sie schlichtweg Vertrauen in die Tatsache, dass es sich eines Tages für Sie auszahlen wird!

37   Stehen Sie zu Ihren Versprechen!

Vertrauen ist an dieser Stelle das Stichwort. Nach meinem Verständnis ist es das subjektive Empfinden eines Menschen, dass ein anderer im Sinne der gegenseitigen Beziehung moralisch richtig handelt. Sie können der subjektiven Wahrnehmung Ihrer Person durch Dritte nichts Schlimmeres antun, als Handlungen und Taten zu postulieren, welche Sie schlussendlich bewusst nicht einlösen. Ihre Mitmenschen fühlen sich von Ihnen getäuscht, wenn Sie nicht zumindest einen guten Willen gezeigt haben. Scheitern ist zu entschuldigen, vorsätzliches Fehlverhalten im Umgang miteinander allerdings nicht.

Versprechungen stellen in jeder Mannschaftssportart eine Gefahr für die Teamchemie dar. Der Trainer muss hin und wieder zu diesem Mittel greifen, um einige Individuen des Gesamtgefüges bei Laune zu halten – sonst werden diese denken, dass sie dem Kollektiv mehr geben, als sie zurückbekommen. Wenn der Coach sein Versprechen aber am Ende nicht einlöst, dann ist die zwischenmenschliche Beziehung zu seinem Spieler nachhaltig gestört und womöglich auch nicht wieder in die richtige Spur zu bringen.

Besonders gefährlich sind in diesem Zusammenhang Zugeständnisse im Gegenzug für eine lediglich qualitativ messbare Handlung. Sagt der Trainer zu einem seiner Spieler, dass er ihn für das nächste Spiel aufstellt, wenn dieser „gut trainiert", dann ist die Bewertung des Kriteriums „gut" subjektiv. Was der Spieler unter diesem Begriff subsumiert, ist mit großer Sicherheit etwas anderes als was sich der Trainer vorstellt. So kann es dazu kommen, dass der Spieler am Spieltag nun seinen Einsatz erwartet, der Trainer aber diese Hoffnung enttäuscht – da er ihn eben nicht als „gut" empfunden hat. Quantitativ messbare Kriterien können dagegen leicht nachvollzogen werden und sind in der Beobachtung eindeutig, sofern der Betrachtungszeitraum definiert ist. Stellt der Trainer seinem Spieler vor einem Trainingsspiel beispielsweise in Aussicht, dass er ihn aufstellt, wenn er in den nächsten zwanzig Minuten drei Tore erzielt, dann ist die Anforderung eindeutig.

Es ist also durchaus von Relevanz, wie Sie Ihre Versprechungen gegenüber Dritten kommunizieren. Diese werden nämlich uneindeutige Aussagen immer zu ihrem Vorteil interpretieren und gegebenenfalls eine Gegenleistung von Ihnen einfordern, selbst wenn Sie ganz und gar nicht zufriedengestellt sind. Während qualitative Vorgaben an einen selbst meiner Meinung nach sehr gut sind, da sie nicht den Weg zu einem übergeordneten Ziel einengen, müssen Sie bei der Formulierung qualitativer Ziele und besonders Bedingungen sehr vorsichtig sein.

Wenn Sie einmal ein klares, unmissverständliches Versprechen getroffen haben, dann halten Sie es auch! Sofern Sie in einem guten Willen handeln und dieses dann ausnahmsweise nicht einhalten können, dann werden es Ihnen Ihre Mitmenschen auch verzeihen. Häufen sich jedoch diese Aktionen oder wird deutlich, dass Sie niemals daran interessiert waren, ein Versprechen zu halten, verlieren Sie massiv an Glaubwürdigkeit. Wenn Sie das Vertrauen Ihrer Mitmenschen in Sie nicht rechtfertigen, dann können Sie nicht mehr erwarten, dass es noch lange Bestand hat. Vertrauen aufzubauen dauert sehr lange, verlieren kann man es sehr schnell. Meine Erfahrung ist daher, lieber weniger Versprechungen zu geben – aber diese auch sicher einzuhalten. Man kann auch durchaus den Mitmenschen kommunizieren, dass man alles in seiner Macht Stehende unternimmt, um den gewünschten Zustand herbeizuführen, aber jegliche Vorhersagen nunmal auf Unsicherheiten basieren. Sie beugen damit aktiv Enttäuschungen vor und behalten Ihre Glaubwürdigkeit nach außen. Ein immer guter Wille ist höher zu bewerten als die Summe einzelner guter Taten – und vergessen Sie bitte nicht: Was ist schon „gut"?

38 Definieren Sie ständig Ihre Grenzen neu!

Die Welt ist geprägt von Zahlen, Daten und Fakten. Quantitative Werte werden weitaus häufiger verwendet als qualitative, da sie einfach verständlich und leicht vergleichbar sind. Nahezu auf jedem Gebiet setzt der Mensch persönliche Bestmarken, die in den Augen vieler zu ihren persönlichen „magischen Zahlen" avancieren, da sie als persönliche Grenzen gelten, welche nur in seltenen Fällen und unter erheblicher Anstrengung überwunden werden können.

Ich halte den Ansatz, die persönlichen Bestmarken als Grenzen zu definieren, für falsch. Aus diesem Grund ist die Überschrift zu diesem Kapitel auch nicht ganz korrekt, aber sie veranschaulicht in meinen Augen die Dynamik in Bezug auf das Thema ganz gut. Was ist, wenn wir unsere Bestmarken als Richtwert interpretieren? – Wenn ich als Läufer beispielsweise über zehn Kilometer mit einer Zeit von vierzig Minuten eine neue persönliche Bestmarke aufgestellt habe, dann werde ich meine durchschnittliche

Geschwindigkeit beim nächsten Mal doch genau daran orientieren und die Sache nicht langsamer angehen, oder? Und gegen Ende des Laufes versuche ich noch eine Schippe draufzulegen, um mich selbst zu verbessern.

Was ich in Bezug auf das Training schon einmal zu Beginn dieses Buches erklärt habe, treffen wir nun an dieser Stelle wieder – aber im Zusammenhang mit einem Verständnis der eigenen Grenzenlosigkeit. Wir sollten uns nur an unseren eigenen Bestwerten orientieren, um sie auszubauen. Das, was Sie heute als Grenze begreifen, soll heute Ihr Anspruch und Maßstab sein, welchen Sie fortlaufend weiterentwickeln. Nennen Sie es meinetwegen Grenzen, aber seien Sie sich bewusst, dass Sie diese kontinuierlich aus eigener Kraft selbst verschieben können und sollten, um zu Selbstzufriedenheit zu gelangen.

Der Zustand, mit dem Sie heute glücklich sind, wird Sie morgen vielleicht langweilen. Der Zauber des Neuen muss in Ihrem Leben Einzug erhalten und das geschieht nur, wenn Sie bereit sind, sich selbst regelmäßig zu übertreffen. Die inhaltliche Zäsur ist jetzt vielleicht etwas jäh, aber ich glaube, dass dieses Beispiel es ganz gut veranschaulicht: Wenn ein Schüler Zeit seines Lebens in Mathematik schlechte Noten hatte und nun einmal eine Zwei schreibt, dann freut er sich wahrscheinlich sehr darüber. Über die nächste Zwei wird er sich jedoch mit für mich an Sicherheit grenzender Wahrscheinlichkeit nicht mehr mit der gleichen Intensität wie zuvor freuen – auch wenn das Ergebnis für ihn immer noch zufriedenstellend ist, so hat es doch den Zauber des Neuen verloren.

Ich habe in diesem Buch schon oft genug erklärt, dass der Mensch aktiv neue Dinge erforschen muss, um sich persönlich weiterzuentwickeln. Er muss also seine externen Rahmenbedingungen ändern. Dieses Kapitel spricht nun die internen Rahmenbedingungen an. Das Neue kann sich auch aus dem Bekannten heraus durch das Zutun des Einzelnen entwickeln. Wir müssen für Entdeckungen nicht immer außerhalb unserer selbst suchen, sondern können erst unsere eigenen Fähigkeiten ausreizen. Können Sie Ihr Talent auf eine Zahl beziffern? Wenn ja, dann wären

Sie die erste Person. Denken Sie also nicht, dass ihr Leben und ihre Leistung von quantitativen Obergrenzen bestimmt werden. Es liegt immer noch an Ihnen selbst, sich immer höher zu definieren und sich und Ihren Mitmenschen zu zeigen, dass Ihre Leistung nicht auf ein Zahlenwerk subsumiert werden kann!

39   Sie bestimmen selbst, wie weit Sie gehen!

Bevor ich zu guter Letzt im finalen Abschnitt den Blick etwas über den Tellerrand werfen möchte, an dieser Stelle noch eine kleine Sensibilisierung. Ich habe nun lang und breit erläutert, wie Sie zu einem „Leistungsdenker" avancieren, Ihre Eigenschaften im Stile eines Champions einsetzen und wie Sie den Wert Ihrer Leistung in den Augen Ihrer Mitmenschen steigern können. Ich bin Ihnen allerdings noch die Antwort schuldig, ob dies überhaupt erstrebenswert ist.

Die eindeutige Antwort ist: Es kommt darauf an, was Sie wollen. Ich kann niemandem verdenken, der meine Ideen für zu visionär und leistungsorientiert hält. An dieser Stelle ist es wohl Zeit, die berühmte „Work-Life-Balance" anzusprechen. Sie sollten so viel arbeiten, dass die Arbeit Ihrem Wohlbefinden in der Freizeit zuträglich ist. Irgendwann gibt es einen Schwellenpunkt, der nicht überschritten werden sollte, da der zusätzliche Aufwand in Form von Arbeitskraft den monetären oder ideellen Ertrag für die Verbesserung der Lebenssituation übersteigt.

Wo dieser Punkt anzusetzen ist, das entscheidet jeder Mensch für sich selbst. Das unendliche Potenzial steckt in jedem, aber wir müssen durch Erfahrung herausfinden, inwieweit wir es ausschöpfen möchten. Wo die Nutzung der eigenen Rohstoffe in den eigenen Augen zur Selbstausbeutung avanciert, da sollten wir einen klaren Schnitt machen und sagen: „So geht es nicht weiter!" Es kommt sogar immer wieder vor, dass Leistungssportler ihre Karriere plötzlich beenden, da sie auf den ganzen Zirkus keine Lust mehr haben. Die Öffentlichkeit reagiert darauf oft schockiert und teilweise mit Unverständnis, aber der eigenen inneren Stimme kann keiner etwas vormachen und sie muss sich auch keinem anderen Menschen gegenüber rechtfertigen, weil sie der Intuition entspringt, für sich persönlich die richtige Entscheidung zu treffen.

Ich wage von mir zu behaupten, dass meine persönliche Schwelle sehr weit oben liegt, weil ich an der Arbeit einen Spaß entwickeln kann, sodass sie selbst mich zufriedenstellt – und nicht die äußeren Effekte wie Anerkennung für Erfolg oder monetäre Aspekte. Natürlich ist es mir wichtig, wahrgenommen zu werden und auf verschiedenen Wegen wertgeschätzt zu werden, aber die Basis für alles ist der Spaß an der Sache. Es bleibt mir daher einmal mehr der Ratschlag an Sie, sich Ihre persönliche Berufung herauszusuchen und diese auszuüben. Dann werden auch Sie sich gerne anstrengen – aber immer noch soweit, wie Sie es selbst für richtig halten!

4. Abschnitt:

Über das Leben...

40   Nehmen Sie sich Zeit für Ihre Gedanken!

In einer schnelllebigen Welt werden wir tagtäglich von Informationen geradezu überflutet. Man hat das Gefühl, dass das Wesen allen Seins der Wandel ist und was gerade noch war, schon jetzt nicht mehr ist. Megatrends wie die Digitalisierung und die Globalisierung lassen Zusammenhänge für den Einzelnen als nicht mehr verfolgbar erscheinen, sodass viele aufgeben und sich nur noch von dem Fortschritt treiben lassen möchten. Der heutige Mensch wird dazu gezwungen, sich den Megatrends anzupassen, verliert aber zunehmend das Interesse daran, sich in dem komplexen System zu überlegen, welche Rolle er darin spielen möchte. Über genau diese Frage sollte er sich jedoch im Klaren sein.

Die eigenen Gedanken zu ordnen und sich so eine Vorstellung von der Welt zu machen, in der wir leben und zu überlegen, wie die Welt aussehen soll, in der wir einmal leben möchten, ist die zentrale Frage des heutigen Menschen und es wird immer schwieriger, sie zu beantworten. Aus diesem Grund gewinnt es an Bedeutung, sich bewusst Zeit für diese Frage zu nehmen und Methoden zu entwickeln, wie man ihr am effektivsten auf den Grund gehen kann.

Ich habe für mich persönlich lange Spaziergänge in der Natur als Weg identifiziert, mir über mein Sein und mein Werden Gedanken zu machen. Beim Sport sind Gedanken zu flüchtig, als dass sie sich bei mir im Gedächtnis festsetzen könnten und zuhause auf dem Sofa fühle ich mich statisch und unkreativ. Ich wähle mir zum Spazieren in der Regel vertraute Orte als Ziele, achte aber darauf, dass ich immer mal wieder andere Wege gehe, um dorthin zu kommen. Die frische Luft und die bekannte Umgebung inspirieren mein Gehirn dazu, tief einzutauchen in mein Unterbewusstsein und in meinen Willen, mein Herz und meine Seele hineinzuhören. Ich weiß in diesen Momenten nicht, wie ich nach außen hin wirke, wenn mich ein bekanntes Gesicht sieht - vermutlich habe ich schon zu oft in Gedanken versunken meine Mitmenschen nicht erkannt.

Spaziergänge können für mich wie die Defragmentierung meiner Festplatte im Gehirn sein. Tausende ungeordnete Bilder und Gedanken werden zu einer wohl geordneten Imagination zusammengefügt und harmonisiert, sodass ich im Anschluss eine Ahnung davon habe, wo ich stehe und wo ich hinmöchte. Was hat mich die vergangene Woche umgetrieben? Was ist ein aktuelles Thema, das mir gerade nicht aus dem Kopf geht? Mit welchen Menschen hatte ich es zu tun? Wie waren bisher meine Gedanken über die Zukunft und die Königsdisziplin: Welche Auswirkungen haben meine neuen Erfahrungen auf mein Zukunftsbild?

Es gibt durchaus einen Unterschied zwischen träumen und verträumt sein. Bei Ihren eigenen Gedanken über die Zukunft ist das Träumen durchaus erlaubt und bei näherer Betrachtung auch zwingende Konsequenz, da wir Menschen die Informationen für unsere Zukunftsvisionen so ordnen, dass sie zu unserem Vorteil ausgelegt werden. Sie dürfen sich aber nach Konstruktion Ihres Zukunftsbildes nicht an diesem verlieren und verträumt sein, sondern müssen darüber nachdenken, wie Sie Ihren Traum leben können! Finden Sie Ihre ganz persönliche Technik, wie Sie selbst in die Welt Ihrer Gedanken eintauchen können, um Ordnung zu schaffen. Viele Wege führen nach Rom, Spaziergänge sind nur ein Weg davon. Im Idealfall nehmen Sie aus dem Prozess Erkenntnisse mit, die Sie aufschreiben können und als Ziele langfristig verfolgen werden.

41   Pursuit of Happiness

Diese englischsprachige Formel ist Teil des „American Dream". Jede Person ist einzigartig und kann auf ihre ganz eigene Art und Weise ihr Glück suchen. Jeder Mensch hat die Verantwortung, moralisch gut zu handeln, kann in diesem Rahmen aber alles auf dem Weg zu seinem persönlichen Glück ausprobieren. Außenstehende haben daher die Vorgehensweise des Einzelnen auf seinem Weg nicht zu beurteilen. Das Streben nach dem abstrakten

Gefühl, welches sich Glückseligkeit nennt, wird zu einem Selbstzweck und ist per se durch den Freiheitsgedanken des Individuums Glück stiftend.

Vielleicht haben Sie schon einmal von der sogenannten Maslow'schen Bedürfnispyramide gehört. Der Mensch möchte zunächst seine physiologischen Grundbedürfnisse zum Überleben wie Essen und Trinken befriedigt wissen. Darüber stehen die Wünsche nach Sicherheit, sozialen Kontakten und Wertschätzung. Diese vier Bedürfnisse werden als Defizitbedürfnisse subsumiert – werden sie nicht erfüllt, ist das Individuum unzufrieden.

Nicht unzufrieden zu sein bedeutet aber noch lange nicht, zufrieden und glücklich zu sein. Aus diesem Grund steht an der Spitze der Pyramide der Wunsch nach Selbstverwirklichung. Erst wenn alle vier Grundbedürfnisse befriedigt sind, dann kann der Mensch nach höherem streben. Die Interpretation der Bedürfnisbefriedigung ist jedoch individuell – auf welche Art und Weise müssen die Grundbedürfnisse erfüllt sein, damit wir nicht unzufrieden sind? Der American Dream denkt in diesem Zusammenhang die Pyramide von der Spitze. Wenn wir aktiv unser Glück suchen, dann brauchen wir nicht viel, um nicht unglücklich zu sein… und können fast schon, wie es der Deutsche oft ironisch formuliert, „von Luft und Liebe leben".

Ich möchte an dieser Stelle den Pursuit of Happiness nicht verherrlichen oder irgendwelche gedanklichen Luftschlösser bauen. Aber ich bin der Meinung, dass viele Menschen, die heute im Rampenlicht stehen, genau diesen Weg gegangen sind. Die Wahrscheinlichkeit, dass ein Jugendlicher Fußballprofi wird, ist verschwindend gering. Aus diesem Grund wird den Kindern gerne vermittelt, „etwas anständiges zu lernen", anstatt ihren Traum zu verfolgen. Ich bin auch der Meinung, dass eine solide Ausbildung sehr wichtig ist, um im Leben Fuß fassen zu können. Allerdings sollte man in diesem Zusammenhang nicht die Träume seiner Mitmenschen – gerade der jüngsten – kleinreden. Es gibt einige leuchtende Beispiele, die eben mit aller Entschlossenheit ihrer Vision gefolgt sind und damit heute ihren Traum leben. Große

Träume sind die Vorboten des Erfolges, wenn sie sich entfalten dürfen.

Deshalb gebe ich Ihnen nun zwei Botschaften mit auf den Weg: Erstens sollten Sie für sich selbst Träume entwickeln und diese nicht vorzeitig als unrealisierbar abhaken. Beschäftigen Sie sich mit ihnen und überlegen sie wirklich einmal im Detail, wie Sie Schritt für Schritt ihren Traum erreichen können. Das Wissen, dass es einen Weg gibt, ist bereits ein wichtiger Bestandteil der Zielerreichung, ohne dass Sie auch erst einen Schritt gegangen sind und ohne zu wissen, ob Ihr Plan in dieser Form aufgehen wird. Zweitens sollten Sie niemals über die Träume anderer Menschen urteilen oder diese versuchen, zu unterdrücken. Sie verhindern damit, dass ein Potenzial oder eine große Kraft zur Entfaltung kommen kann – womöglich die größtmögliche positive Kraft, welche in dem Individuum schlummert. Motivieren Sie daher Ihren Mitmenschen vielmehr dazu, seinen Traum zu konkretisieren und sich selbst dadurch umso mehr zu motivieren und sein persönliches Potenzial zu heben!

42   Planung ist wichtig – Flexibilität ist Trumpf!

Ich habe in den letzten zwei Kapiteln detailliert beschrieben, wie Sie sich selbst Ihre Bilder für die Zukunft malen können und warum Sie diese unbedingt malen sollten. Etwas unterschlagen habe ich in diesem Zusammenhang den Aspekt, wie Sie mit Ihrer Vision im Anschluss umgehen sollten.

Es ist gut und richtig, seinen Weg zum Ziel möglichst genau auszugestalten. Dadurch gewinnt das Ziel zum einen an Verbindlichkeit und erscheint außerdem realistisch erreichbar. Sie sollten jedoch beachten, dass jeder zukünftige Zustand aus einer Verkettung an Handlungen von Ihnen und Ihren Mitmenschen entsteht. Das Prinzip der Perfektion werden Sie nicht erfüllen können (siehe auch Kapitel 8), weil garantiert mindestens eine Handlung nicht in Ihren Plan passen wird.

Ich treibe das Spiel aber noch weiter: Was ist denn überhaupt eine Handlung? Es ist schon eine Handlung, wenn ich mich entscheide, ein Brot einkaufen zu gehen. Vielleicht treffe ich jemanden auf dem Weg, muss etwas klären und kann heute eine Aufgabe nicht mehr erledigen, die ich mir eigentlich unbedingt vorgenommen hatte. In diesem Fall geht mein Plan für einen Tag schon nicht auf. Wie soll es denn erst sein, wenn ich ein Jahr in die Zukunft denke? Die Möglichkeiten, dass irgendeine Handlung nicht in meinen Gesamtplan passt, sind unendlich.

Dennoch gibt es eine entscheidende Komponente, die bei langfristiger Betrachtung auf Ihrer Seite ist: Die Zeit. Je weiter ich in die Zukunft blicke, desto unsicherer werden meine Vorhersagen. Je weiter mein Ziel jedoch in der Zukunft ist, desto mehr Zeit habe ich, meine Handlungen als Reaktion auf einen ungünstigen Tatbestand so anzupassen, dass ich im Endergebnis doch das erreiche, was ich möchte. Je näher ich zeitlich gesehen an mein Ziel herankomme, desto konkreter wird wiederum die Vorstellung und die Unsicherheit verringert sich. Man kann es also positiv sehen: In Abhängigkeit von dem Zeithorizont erhöht sich entweder die Zeit, die ich habe, um im Zweifelsfall zu reagieren oder ich bin mir meiner Handlungen bei der Zielerreichung sicherer. Es lohnt sich also auf jeden Fall, schon in die ferne Zukunft zu blicken und sich seiner Ziele im Klaren zu sein.

Das Stichwort lautet hier Flexibilität. Wer darauf vorbereitet ist, dass sein Weg nicht in Stein gemeißelt ist und sich selbst darin erprobt, auf sich verändernde Rahmenbedingungen im Sinne des Oberziels zu reagieren, der macht seine Zukunft sehr wohl planbar. Mit dem Schicksal verhält es sich manchmal so wie mit einem Gegenspieler: Wenn etwas geschieht, das Sie eigentlich gänzlich aus dem Konzept bringen müsste und Sie haben genau in diesem Moment ein Ass im Ärmel, dann haben Sie moralisch schon gewonnen. Ich wage zu behaupten, dass ein großer Teil des scheinbar nicht beeinflussbaren Schicksals, der Steine, die uns in den Weg gelegt werden, durch unsere Mitmenschen bestimmt wird. Wenn Sie daher auf die Unwägbarkeiten auf Ihrem Weg gelassen reagieren und eine Lösung aus Ihrem Hut zaubern, dann hat dies eine Signalwirkung auf die anderen. Sie werden fortan als mächtig und stark wahrgenommen und weniger Personen werden versuchen, Ihr Schicksal zu beeinflussen. Dadurch entsteht eine sich selbst erfüllende Prophezeiung und Sie werden es auf Ihrem restlichen Weg leichter haben.

43   Es kommt immer anders!

Dies ist ebenfalls eine Erkenntnis von dem schon mehrmals von mir angesprochenen Trainer Niko Kovac. Auch diese Aussage wurde von ihm im Rahmen des DFB-Pokalfinals 2018 getroffen. Die Monate zuvor waren für ihn nämlich recht ungemütlich. Nachdem publik wurde, dass er in der nächsten Saison ausgerechnet zum Finalgegner Bayern München wechseln würde, waren einige Anhänger von Eintracht Frankfurt sauer und forderten Kovacs sofortigen Rauswurf. Tatsächlich wurden in den Wochen danach auch die Ergebnisse der Mannschaft schlechter und die großartige Saison drohte ein erfolgloses Ende in Verbindung mit einer unglücklichen Wechselankündigung zu nehmen. Nachdem Kovac jedoch mit der Eintracht den Pokal gewann, waren wider Erwarten alle glücklich, sodass der Trainer auf der Pressekonferenz nach dem Spiel sinngemäß zu Protokoll gab:

„Wie es im Leben so ist, es kommt immer anders – und darüber bin ich froh."

Diese Aussage soll nicht das Kapitel zuvor ad absurdum führen, sie soll vielmehr auf hyperbolische Art und Weise dazu aufrufen, dass Schwarzmalerei in schlechten Zeiten unangebracht ist. Ich habe im vorherigen Kapitel viel über Widerstände und Unsicherheiten geschrieben. Aber das Schicksal kann sich auch einmal auf Ihre Seite stellen. Es können Ihnen auch einmal unerwartet gute Dinge passieren. Niko Kovac war bei dem Sieg seiner Eintracht nicht auf den Zufall angewiesen, die Worte waren an seine Kritiker gerichtet, die bereits fest mit einer Niederlage gerechnet haben und sich schon im Vorfeld negativ zu dem gesamten Szenario geäußert haben.

Wir sollten einsehen, dass das praktische Leben und dessen Ereignisse nicht mit Mathematik zu erklären sind. In der Schule habe ich den Satz „Der Zufall hat kein Gedächtnis." gelernt. Ich möchte das gerne ein wenig anders erläutern: Die Wahrscheinlichkeit, dass ich in einem Versuch eine Sechs würfele, beträgt mathematisch gesehen ein Sechstel. Wenn ich den Wurf jedoch ausgeführt habe und die Sechs ist tatsächlich gefallen, dann interessiert mich nicht mehr, dass die Wahrscheinlichkeit eigentlich gering war – ich sehe das Ergebnis. Das Leben zeigt Ihnen auch lediglich die Ergebnisse auf: Sie können bei Entscheidungen abwägen, aber niemals anhand irgendwelcher subjektiv geschätzten Wahrscheinlichkeiten die Zukunft antizipieren. Konzentrieren Sie sich auf das mögliche Gute und lassen Sie sich nicht von Pessimisten entmutigen, welche die Statistiken bemühen.

Sie haben Ihr Leben in der eigenen Hand und können selbst bestimmen, was sie zu erreichen versuchen. Was spricht dagegen, nach dem Besten zu streben, wenn es zwar unwahrscheinlich, aber doch möglich ist? Warum berauben wir uns der Chance, große Dinge zu erleben, indem wir uns von vorn herein limitieren?

Orientieren Sie sich zuerst an dem Möglichen, nicht an dem Realistischen. Eine weitere Frage ist nämlich, was überhaupt realistisch bedeutet. Wer definiert denn die Wahrscheinlichkeiten – Sie selbst oder andere? Machen Sie sich frei von dem Gedanken, auf dem Weg zu Ihrem Ziel nur einem von der Öffentlichkeit vorgegebenen Realismus treiben zu lassen. Sonst werden Sie nie erfahren, was Sie hätten erreichen können, wenn Sie sich am möglichen Guten orientiert hätten. Wenn Sie von Anfang an dieses als Ihren Maßstab nehmen, dann werden Sie erst erkennen, was Ihnen der Realismus vielleicht schon für Türen verschlossen hat!

44   Alles hat einen Sinn!

Hadern Sie nicht mit der Vergangenheit, denn Sie können diese nicht mehr verändern! Die Gegenwart ist außerdem die Vergangenheit der Zukunft: Was gerade jetzt geschieht, das können Sie zwar aktiv beeinflussen, aber es ist im nächsten Moment ebenfalls vergangen. Sie sollten daher die Einstellung entwickeln, dass es eine gewisse zeitliche Chronologie gibt, die Welt durch die Zeit in ihrem Inneren zusammengehalten wird und die Handlungen, die geschehen, immer in einem bestimmten Kontext ablaufen. Jede Handlung ruft eine gewisse Reaktion hervor.

Bei einer negativen Betrachtung kann diese Ansicht auch sehr makaber wirken: Welchen Sinn haben denn beispielsweise Verbrechen und Naturkatastrophen? – Der Sinn muss in dem Kontext verstanden werden, dass einer Tatsache immer eine andere vorausgegangen ist, ohne die das Ergebnis nicht hätte eintreten können. Einem Tsunami geht oft ein Erdbeben voraus. Erdbeben entstehen in der Regel durch Erdplattenverschiebungen. Sie können zu jedem Ereignis eine Kausalkette aufbauen, auch wenn das Ereignis selbst auch noch so willkürlich erscheint.

Aufgrund der Tatsache, dass sich fast jedes Kapitel dieses Buches um die Fähigkeit des Menschen dreht, sein Schicksal selbst zu bestimmen, möchte ich jetzt nicht noch einmal allzu weit ausholen und diesen Aspekt kurz halten. Wenn Sie wissen, dass die Weltordnung aus chronologisch geordneten Kausalketten gebildet wird, so können Sie diese Tatsache doch auch auf sich als Individuum übertragen. Sie durchlaufen schlechte und gute Zeiten. Auch die negativen Dinge gehören aufgrund der Kausalkette auf den Weg zu Ihrem Glück von morgen.

Es bleibt die Frage offen, welchen Sinn der Tod hat. Diese Frage vermag ich allerdings nicht zu beantworten. Streben Sie nicht nach dem ewigen Leben, sondern versuchen Sie Ihr Leben so zu gestalten, dass Ihre Erfahrungen für unendlich viele Leben reichen!

45   Suchen Sie sich persönliche Herausforderungen!

Wir Menschen suchen heutzutage oftmals nach dem, was der Amerikaner „Purpose" nennt. Was ist unser Lebenszweck? Zu was sind wir bestimmt? Was verschafft uns dieses ultimative Gefühl von Wertigkeit und Zufriedenheit? – Die Wahrheit liegt darin, dass wir eben aufgrund unserer permanenten Grenzverschiebung und dem Wunsch nach mehr, nicht diesen einen Punkt definieren können, an dem wir „fertig" sind und unseren Purpose definiert haben.

Eine Möglichkeit, Abhilfe zu schaffen, besteht darin, Herausforderungen anzugehen, die wir in dieser Art und diesem Umfang noch nie angenommen, geschweige denn bewältigt haben. In allem Neuen liegt ein Prestige, welches nur schwer zu beschreiben ist, nach dem aber nach meiner Ansicht jeder ambitionierte Mensch strebt.

Sport ist für mich mein Ausgleich für den Alltag. Ich lebe den Spruch „Mens sana in corpore sano." und bin der Überzeugung, dass eine körperliche Fitness sich auch positiv auf die geistige Leistungsfähigkeit auswirkt. Meine persönlichen Herausforderungen suche ich mir daher gerne im sportlichen Bereich.

Meine Passion für das Laufen hat sich aus dem zusätzlichen Training für meine fußballerischen Ambitionen ergeben. Die Möglichkeiten, persönliche Verbesserungen festzustellen und Neues zu erfahren, sind nahezu grenzenlos. Es gibt unzählige Strecken auf verschiedenen Flecken der Erde, sodass sich jeder Läufer ganz individuell selbst verwirklichen kann.

Im Sommer 2018 hatte ich mich dazu entschlossen, gemeinsam mit einem guten Freund an einem Wettkampf im Trail Running in den österreichischen Alpen teilzunehmen. 44 Kilometer in zwei Tagen bei einer Überwindung von ca. 2.700 Höhenmetern – nicht, dass die Art des Wettkampfes schon ein Novum für mich war, wollte ich es auch von der Streckenlänge her ganz schön von mir wissen. Am ersten Tag lief ich bei einem Gewitter bei fünf Grad Celsius in kurzer Kleidung am Gipfel des Berges. Ich fragte mich durchaus, auf was ich mich da eingelassen hatte und ich bereute in diesem Moment den Start, aber bereits nach dieser Etappe wusste ich im Ziel, dass ich mich selbst übertroffen habe. Ich habe etwas getan, was ich zuvor noch nie gemacht habe und das war irgendwie cool. Näher kann und muss ich dieses Gefühl gar nicht charakterisieren.

Am zweiten Tag schien die Sonne, aber diese Etappe machte knapp zwei Drittel der Gesamtstrecke aus. Bereits neun Kilometer vor dem Ziel bestand meine Muskulatur gefühlt nur noch aus einem Krampf. Mit einem sehr kontrollierten und koordinierten Lauf habe ich es jedoch ins Ziel geschafft und meinen Schmerzen ein Schnippchen geschlagen. Die Genugtuung im Moment des Zieleinlaufes war sehr groß und ich spürte einfach nur Stolz. Im Jahr 2020 werde ich mich an die nächste Schwierigkeitsstufe wagen – ein Rennen mit über 60 Kilometern Distanz bei einer Überwindung von knapp 3.900 Höhenmetern. Aber glauben Sie mir, falls ich es schaffen sollte... es geht immer noch eine Stufe extremer.

Über welche Herausforderungen sich jeder einzelne Mensch in seiner Freizeit definiert, ist individuell. Wichtig ist nur, dass Sie einen direkten Bezug zu Ihren alltäglichen Situationen herstellen können, ohne diese inhaltlich zu tangieren. Ich denke in Bezug auf mein Studium jetzt beispielsweise auch an große Herausforderungen und frage mich stets, was das nächsthöhere Level in meinen Ansprüchen sein kann. Wenn Sie hingegen zum Beispiel künstlerisch begabt sind, dann könnten Sie einen gewissen Anspruch an Perfektion entwickeln und verschiedene Stile ausprobieren... und diesen Variantenreichtum und die Kreativität auf der Suche nach Verbesserung auf ihre tagtäglichen Aufgaben übertragen. Sie müssen nur den Mut dazu besitzen, neue Herausforderungen anzunehmen und sie aktiv suchen!

46   Beschwören Sie Ihren Moment herbei!

Der Mensch lebt für die besonderen Momente. Vergangene Gefühle können zu einem späteren Zeitpunkt niemals mehr so intensiv wahrgenommen werden wie in dem Zeitpunkt des Erlebens. Wir sehnen uns nach Glück und vor allem nach den Momenten, in denen wir dieses gespürt. Wir suchen nach einem Patentrezept für die Erlangung eines Glücksgefühls.

Ich muss Sie an dieser Stelle enttäuschen – ich werde das Geheimnis des Glücks nicht entschlüsseln und Ihnen ein dauerhaftes

Grinsen ermöglichen. Ich kann Ihnen allerdings aus eigener Erfahrung berichten, dass wir allgemein mit der Fokussierung auf ein Ereignis, das sich in einem bestimmten Moment zutragen soll, unserem Glück auf die Sprünge helfen können.

Wenn ich eine Sache vom Fußball gelernt habe, dann dass jeder Mensch für sein Selbstwertgefühl persönliche Erfolgserlebnisse braucht. Sei es ein schöner Pass, ein gewonnener Zweikampf oder der Moment, wenn der eigene Schuss im Tor des Gegners einschlägt – wir spielen über einen Zeitraum von über neunzig Minuten und können uns nachher immer nur noch an die markanten Aktionen, die guten und die schlechten, erinnern.

Mir fallen auf Anhieb zwei Spiele ein, bei denen ich meine, dass ich mein Schicksal – und damit den Spielausgang – durch meine Einstellung aktiv beeinflusst habe. Das eine Mal haben wir zuhause ein wichtiges Spiel im Abstiegskampf gehabt – mit einem Sieg wären wir gerettet gewesen, bei einer Niederlage hätten wir weiter zittern müssen. Meine Mannschaft und ich haben zunächst kein gutes Spiel absolviert und sind folgerichtig mit einem Tor in Rückstand geraten. In der zweiten Halbzeit konnten wir den Gegner mehr und mehr unter Druck setzen und sind so verdient zum Ausgleich gekommen. Ich selbst spielte nun im Zentrum und habe immer wieder lautstark kommuniziert, dass wir nun im wahrsten Sinne des Wortes am Ball sind und dass die Abwehr des Gegners dem Druck nicht mehr lange standhalten würde.

Fünf Minuten vor dem Ende bekamen wir in diesem Spiel einen Elfmeter zugesprochen. Als einer meiner Mitspieler den Strafstoß vergab, haben sich einige meiner Mitstreiter scheinbar mit einem Unentschieden schon zufriedengegeben – aber ich wollte mehr und ich glaubte daran! Ich bin bis heute der festen Überzeugung, dass genau aufgrund dieser Einstellung ich in der zweiten Minute der Nachspielzeit goldrichtig stand und mir der Ball nach einem Abpraller vom Torwart vor die Füße fiel. Ich nahm ihn an und schweißte das Leder aus acht Metern in die Maschen – wir gewannen das Spiel und waren gerettet!

Ich tue mich allgemein schwer damit, bestimmte Ereignisse dem Zufall zuzuschreiben und so ist es auch in diesem Fall. Seitdem ich denken kann, ist es mir noch nie passiert, dass mir das Glück einfach so in den Schoß gefallen ist, ohne dass ich etwas dafür investiert habe. Man kann diese Ansicht nun als recht düster ansehen (nach dem Motto: „Das Leben gönnt einem nichts.“), aber ich bewerte es genau gegenteilig sehr positiv. Ich bin seit längerem der Überzeugung, dass das Schicksal bei den positiven Dingen des Lebens keine Willkür walten lässt, sondern dass wir selbst mit unserem Handeln den entscheidenden Einfluss darauf haben, was uns Positives widerfährt. Natürlich gebe ich mit dieser Argumentation keine Antwort darauf, was die negativen Dinge – sogenannte Schicksalsschläge – für eine Rolle in unserem Leben spielen und ob nicht doch die Willkür zumindest in diesem Zusammenhang Teil des menschlichen Daseins ist. Wir sind Menschen und keine Götter – wir müssen akzeptieren, dass wir eben doch nicht auf alles einen Einfluss haben. Aber es ist doch ein beruhigendes Gefühl, sein Glück selbst in die Hand nehmen zu können!

47   Haben Sie Spaß am Leben!

Auch wenn es mit der richtigen Einstellung sein kann, dass man aus jeder Situation – ob positiv oder negativ – Energie schöpft, so lebt es sich doch leichter, wenn man das Leben und seine Herausforderungen mit einem lachenden Auge angeht und sich auch ab und zu selbst mal nicht so ernst nimmt. Es ist wichtig, dem Stress des Alltags zu entfliehen, in dem man ihn auf ganz eigene Art und Weise karikiert.

Sowohl in der Schule als auch während meines Studiums war und bin ich in Arbeitsgruppen gewesen, welche sich durch eine gesunde Mischung zwischen Disziplin und Ironie auszeichnen. Während Außenstehende unseren Spaß beim Arbeiten als leistungshemmend ansehen könnten, sage ich nur dazu: Es ist ein positives Zeichen, dass bei aller Ernsthaftigkeit auch Zeit für Witze und Heiterkeit bleibt und erst durch die zwischenmenschliche Unterhaltung kann ich mein persönliches Potenzial richtig entfalten.

Wer sich in einer Gruppe wohlfühlt, der traut sich zu, individuelle Lösungen zu entwerfen, sodass die schöpferische Kraft des Einzelnen erst zum Tragen kommt. Keiner braucht daher zum Lachen in den Keller zu gehen!

Extremer verhalten sich die Unterschiede bei den Leistungssportlern. Während sich die einen komplett der Professionalität verschreiben und ein Leben der Enthaltung führen, unternehmen die anderen das, auf was sie gerade Lust haben. Seien es Prominenten-Partys, weite Reisen oder eine Selbstinszenierung außerhalb des Sports – der Fantasie, Dinge außerhalb der Profession zu erleben, sind keine Grenzen gesetzt. Sind diese beiden Personengruppen aufgrund oder trotz ihres Verhaltens erfolgreich?

Ich bin der festen Überzeugung, dass beide Verhaltenstypen gerade wegen ihrer Art absolute Weltklasse sind. Ihre Gemeinsamkeit ist, dass sie sich mit ihrem Verhalten wohlfühlen und einen Spaß an ihrem Auftreten entwickeln können. Während die einen diesen Spaß über ein bewusstes Leben der attestierten Professionalität generieren (Professionalität ist schließlich auch etwas Exklusives), bringen die anderen gerne diesen exklusiven Status extravagant unter die Leute. Entscheidend ist ausschließlich das individuelle Wohlbefinden in jeder Situation – das Gefühl, dass ich für mich das individuell Richtige mache.

Um die ganze Argumentation etwas aufzulockern, noch eine Geschichte aus meiner Schulzeit. Kurz vor meinem Abitur habe ich noch eine Matheklausur geschrieben, welche auch auf die schriftliche Prüfung vorbereiten sollte. In den Wochen vor der Klausur war ich geradezu betriebsblind geworden und habe mich so tief in das Thema eingearbeitet, dass mir gerade bei den einfachen Rechnungen zu viele Flüchtigkeitsfehler unterlaufen sind. An dem Wochenende vor der Klausur fand in einem Nachbardorf eine recht große Party statt – eigentlich wollte ich ob des anstehenden Abiturs dieser Veranstaltung fernbleiben. Aber ich hatte irgendwie das Gefühl, dass ein wenig Ablenkung in meiner gegenwärtigen Situation genau das Richtige wäre. Ich ging also auf die Party, hatte sehr viel Spaß und habe vielleicht auch einen Zentimeter zu tief ins Glas geschaut. Rational gesehen eine schlechte Klausur-vorbereitung – in der nächsten Woche habe ich in Mathematik eine Eins plus geschrieben ohne einen einzigen Flüchtigkeitsfeh-ler... trotz oder weil ich feiern gegangen bin? Ich werde es nie erfahren, aber ich habe mich an dem Abend in einer stressigen Zeit einfach mal wieder richtig gut gefühlt (ohne Alkoholkonsum zu verherrlichen). Bilden Sie sich Ihre eigene Meinung...

48 Hüten Sie sich vor Doppelmoral!

Objektivität ist eine Sache für sich. Was ist überhaupt objektiv? – Das Gegenteil von subjektiv... und was ist subjektiv? – Eine indi-viduelle Position zu einem bestimmten Sachverhalt. Wenn wir ver-suchen, eine Bewertung zu objektivieren, dann zwängen wir sie in ein vorgegebenes Muster – ein Muster, welches subjektiv den-kende Menschen uns vorgeschrieben haben. Aus diesem Grund habe ich einmal scheinbar objektivierte Bewertungen mithilfe von etablierten Rastern als „Subjektivität aus zweiter Hand" getauft. Eine vollkommene Objektivität werden wir als individuell den-kende Menschen niemals erreichen. Wir alle haben unterschied-liche Präferenzen, Sympathien und Antipathien und das ist gut so – aber eben nicht objektiv.

Da wir die Dinge des Lebens aus unserer persönlichen Brille se-hen, neigen wir dazu, für unsere eigenen Handlungen und derer unserer Mitmenschen unterschiedliche Bewertungsmaßstäbe an den Tag zu legen. Doppelmoral ist ein meinen Augen eine Verhal-tensweise, dass ich auf der einen Seite ein bestimmtes Verhalten vorgebe, es aber auf der anderen Seite selbst nicht einhalte.

Einige von Ihnen werden diese Tatsache zum Beispiel bei der Un-terstützung ihrer favorisierten Fußballvereine wiedererkennen. Während die Mannschaft, mit der man sympathisiert, gerne ein-mal robuster einsteigen darf und man sich über die Reklamatio-nen des Gegners echauffiert, fordert man selbst bei der kleinsten Berührung eines Spielers der Lieblingsmannschaft die Ahndung eines Foulspiels. Das ist menschlich. Wir sind in unserer Wahrnehmung voreingenommen durch unsere persönlichen Präferenzen und entwickeln ein anderes Gerechtigkeitsgefühl, wenn wir sympathisieren oder (etwas weitergedacht) lieben.

Vielleicht wird das ganze Thema für Sie noch etwas greifbarer, wenn ich zusätzlich ein Beispiel aus dem Leben fernab vom Sport anführe. In einer Beziehung oder Ehe nehmen wir unsere Partnerin oder den Partner anders wahr als unsere Mitmenschen, weil wir ein besonderes (Liebes-)Verhältnis pflegen. Aber teilweise nehmen wir auch unsere eigenen Taten anders wahr als die des/der Partner/in, was kontroverse Situationen provozieren kann.

Nehmen wir einmal an, wir haben eine gemischtgeschlechtliche Beziehung. Der Mann hat einen größeren Freundeskreis, dem auch andere Frauen angehören. Mit einer von diesen Damen versteht er sich besonders gut, woraus er auch gegenüber seiner Frau keinen Hehl macht. Diese ist jedoch eifersüchtig und wirft ihm immer wieder vor, dass mit der anderen Dame etwas laufen würde. Gleichzeitig hat sie selbst unzählige männliche Freunde, was sie auch gerne zur Schau stellt.

Die Rollen der Geschlechter können in diesem Beispiel auch genauso gut vertauscht sein. Ich habe hier nur einmal bewusst Klischees bedient, um das Exempel anschaulicher zu gestalten. Ich denke, dass die Botschaft hinter dieser Geschichte jedoch deutlich zutage getreten ist: Die Frau legt in diesem Fall bei sich selbst andere Maßstäbe als bei ihrem Mann an – bei ihm ist eine Freundin zu viel, während bei ihr mehrere Freunde in Ordnung sind. Dennoch ist aus meiner Sicht auch ihr Standpunkt nachvollziehbar, weil sie die Welt aus ihrer Brille sieht. Die Kommunikation zwischen Mann und Frau kann noch so gut sein, das Verhältnis noch so vertraut, aber es ist in meinen Augen objektiv zu sagen, dass wir das Wort unserer Mitmenschen niemals als einhundertprozentige Garantie für ihr Handeln ansehen können. Gegenseitiges Vertrauen soll die Kluft zwischen Partnerschaft und Unsicherheit überwinden, aber Worte können nunmal niemals das Handeln garantieren. Inkonsistentes Handeln und Bewerten von Situationen sind daher menschlich.

Um die Klischees aber noch einmal umzudrehen und zugunsten der Damen zu argumentieren: Bier beispielsweise wird als typisches männliches Getränk erachtet. Gerade Mitglieder meines Geschlechts empfinden daher das Biertrinken bei Frauen als nicht feminin und unattraktiv – und tun ihre Meinung am besten noch kund, während sie sich selbst im befleckten Unterhemd bei Chips vor dem Fernseher sitzend ihr drittes Dosenbier für den Tag aufmachen. Da passt auch etwas nicht zusammen und es wird den Damen Unrecht getan...

Meiner Meinung nach gehört Doppelmoral zu der menschlichen Spezies und wir werden sie auch nicht abstellen können. Wir können sie aber im täglichen Umgang entlarven und ansprechen. Die Menschen, die bereit sind, ihre persönliche Brille abzusetzen und Kompromisse für den Umgang mit Ihnen einzugehen, die sind besonders und an die sollten Sie sich halten!

49   Finden Sie Ihre Vertrauenspersonen!

Sie sind im übertragenen Sinne ein Schiff, das einen Anker benötigt, wenn es seinen Hafen verlässt. Ohne einen Anker würde das Schiff für alle Ewigkeit auf dem Meer umhertreiben und niemals wieder eine Verbindung zum Festland bekommen.

Menschen, die sich schwertun, einen Anker zu finden, sind in aller Regel introvertiert. Anstatt Konflikte offen anzusprechen, tragen sie diese lieber mit sich selbst aus. Die Gefahr ist dabei, dass sie Probleme in sich hineinfressen, was sich negativ auf ihr Wohlbefinden und die Emotionen, welche sie nach außen vermitteln, auswirken kann.

Der größte Teil der Fläche auf der Weltkugel besteht aus Wasser. Der für den Menschen sicherere Teil, die Landmasse, ist deutlich kleiner. Dieser Fakt lässt sich auf extrovertierte Menschen übertragen: Sie verlassen gerne ihr Schneckenhaus, springen geradezu freudestrahlend ins Meer des Lebens und schwimmen von Kontakt zu Kontakt. Der Vorteil ist, dass diese Personen zumeist als sehr offen und positiv wahrgenommen werden. Wer gerne Informationen von sich preis gibt, dem vertraut man. Gleichzeitig ist auch die Gefahr gegeben, dass falsche Personen an diese Informationen geraten und man auf die Nase fällt. Im ungünstigsten Fall kann schließlich auch ein Schiff von Piraten überfallen werden. Der Mensch muss akzeptieren, dass er auf dem Wasser und nach der Herausgabe persönlicher Informationen eine gewisse Ohnmacht besitzt, was danach mit ihm geschieht. Ein Schiff kann Sie schließlich auch zu den schönsten Orten der Welt bringen, aber was passiert, wenn es ausfällt und Sie zurück an Land schwimmen müssen – schaffen Sie das noch?

In meinen Augen ist es daher wichtig, eine Mischung aus extrovertierten und introvertierten Elementen zu kreieren. Der Knackpunkt ist immer, welche Informationen Sie welchen Personen geben. Darüber hinaus müssen Sie berücksichtigen, dass diese Personen auch ein Interesse daran haben könnten, Ihre Informationen auch noch an Dritte weiterzugeben, was das Kommunikationsgeflecht im öffentlichen Raum für Sie noch einmal ungleich komplizierter macht.

Aus diesem Grund benötigen Sie eine Auswahl an Personen um sich herum, bei denen Sie diese Abwägungen nicht oder nicht so intensiv machen müssen. Sie wissen genau, dass diese Personen die Informationen, welche Sie Ihnen geben, verantwortungsbewusst und in Ihrem Sinne behandeln und Sie im Zweifelsfall bei ihnen auch mal wie in ein offenes Grab sprechen können. Glauben Sie denn, Personen des öffentlichen Lebens geben nur unverfängliche Informationen von sich preis? – Wohl kaum! Jeder Mensch hat ein Mitteilungsbedürfnis und auch die Stars brauchen Personen, denen sie Geheimnisse anvertrauen können. Sie müssen nur sicher sein, dass diese Informationen eben nicht früher oder später in den Zeitungen landen, weshalb ihr Kreis an Vertrauenspersonen begrenzt und sorgsam erlesen ist.

Auch ich habe einen Kreis an Personen, denen ich vertraue und die mich auch persönlich besonders gut kennen. Daher glaube ich, dass die Lektüre dieses Buches von ihnen anders aufgenommen wird: Während dem neutrale Leser die Sachbotschaften vermittelt werden, so lässt dieses Buch für meinen vertrauten Kreis auch in Sachen Selbstkundgabe sehr tief blicken, weil sie diese Worte mit meinen sonstigen Aussagen und Taten verknüpfen können und einen Kontext sehen. Wer glaubt, dass ich mich auf den vergangenen Seiten selbst entschlüsselt habe, der irrt sich. Ich habe mich persönlich gerade für die entschlüsselt, die mich besonders gut kennen und das finde ich auch gut so. Ich bin mir aber sicher, dass jeder neutrale Leser dennoch die Botschaft auch dieses Kapitels verstanden hat: Kryptisch zu sein, hat auch Vorteile! Schützen Sie sich selbst vor den gefährlichen Wellen des Lebens, in dem Sie Informationen, die Sie über sich selbst weitergeben, filtern! Sie brauchen aber auch Personen, denen Sie sich anvertrauen können (die Ihr Anker und Notfallmotor sind) – und zu guter Letzt: Seien Sie selbst eine Person, der man sich anvertrauen kann, indem sie sorgsam mit den Informationen Ihrer Mitmenschen umgehen!

50   Seien Sie dankbar!

Normalerweise ist dies nicht die Stelle für Danksagungen. Da ich aber in diesem Buch schon so oft auf die Individualität eingegangen bin, wähle ich an dieser Stelle meinen eigenen Weg, um meine Lieblingsmenschen zu würdigen. Wenn Sie meinen letzten Ratschlag in Gänze begreifen wollen, dann kommen Sie nicht drumherum, diese Danksagung zu lesen und die Menschen kennenzulernen, die mich zu diesem Werk inspiriert haben.

Zunächst einmal bin ich jedem Menschen, der bisher in mein Leben eingetreten ist, in gewisser Weise dankbar. Ich bin zufrieden mit der Person, die ich heute bin und ich habe mich unter anderem zu diesem Menschen entwickelt aufgrund der einschlägigen Erfahrungen, welche ich mit allen meinen Mitmenschen gesammelt habe. Die prägendsten Personen sind in diesem Kontext sicherlich meine Eltern, die mir meine gesamte Kindheit über an der Seite standen.

Aber nun zu den „Schuldigen" an diesem Buch. Ich habe bereits geschrieben, dass ich seit Ende meiner Schulzeit einen aus meiner Sicht ganz besonderen Freundeskreis habe, der mir sehr viel bedeutet und der mich in letzter Konsequenz zum Schreiben dieses Buches inspiriert hat. Aus diesem Grund möchte ich die Personen an dieser Stelle namentlich hervorheben:

Danke *Benedikt* für die Abwechslung zwischen Schwachsinn und Ernsthaftigkeit. Mit dir kann man in einem Moment dummes Zeug schwätzen und im anderen Moment ehrlich Dinge bereden.

Danke *Tamara*, dass du – wie sich für mich im Urlaub herausstellte – einen sehr guten Musikgeschmack hast. Außerdem hast du mich für meine „Weisheiten" sehr oft dadurch motiviert, dass du dich an eine Interpretation gewagt hast.

Danke *Marvin* für deine Abenteuerlust und dein Engagement. Ohne dich wären wir schon an so manchen Ort nicht gekommen – deine Hilfsbereitschaft ist großartig.

Danke *Luca* für dein unkompliziertes Denken und deine Spontanität. Geht nicht, gibt es bei dir nicht. Mit dieser Einstellung bist du auch für mich ein Vorbild.

Danke *Lea*, dass du mit deiner Gelassenheit und ruhigen Art Ausgleich in jeder Situation bist. „Wir sind im Urlaub, nicht auf der Flucht" werde ich nicht so schnell vergessen.

Danke *Felix* dafür, dass du auch dem besten Fußballklub der Welt die Daumen hältst und dass man mit dir so gut „Männergespräche" führen kann.

Danke *Anna* für deine positive Art und dein Lachen. Wenn man mit dir in einem Raum ist, dann kann man einfach nicht traurig sein. Du bist aber auch nicht nur lustig, sondern kannst auch sehr empathisch und ernst sein. Ganz klare 15! Du wirst schon wissen, was ich meine...

Natürlich könnte ich an dieser Stelle noch viele andere Personen nennen, die eine prägende Rolle in meinem Leben einnehmen oder eingenommen haben. Fühlt euch alle angesprochen: Danke, dass es euch gibt!

Ich kann Ihnen zum inhaltlichen Abschluss nur ans Herz legen, für sich selbst zu überlegen, wem Sie dankbar sein sollten und zu erkennen, wo Ihr Herz hingehört. Dankbarkeit setzt nämlich Zufriedenheit voraus – und wer sich geborgen fühlt, ist zufrieden. Wir können Häuser bauen und diese bewohnen, aber wir würden uns niemals heimisch fühlen, wenn unser Herz vagabundiert. Wertschätzen Sie daher Ihre Mitmenschen und insbesondere Ihre Familie und Freunde!

Epilog

Eine Kurzgeschichte...

Paul kam von der Arbeit nach Hause und schaute auf seine Armbanduhr. 19:58 Uhr. Pünktlich zu den Nachrichten! Paul war ein geschäftiger Mann, der immer einem Zeitplan folgte. Seine berufliche Karriere war so verlaufen, als wäre sie minutiös geplant gewesen. Das Wort „Krise" schien in seinem Wörterbuch nicht zu existieren, was ihm fast schon ein bisschen unheimlich erschien.

„Hallo Schatz, ich habe dir etwas mitgebracht!" begrüßte er seine Ehefrau mit einem bunten Strauß Rosen. „Du bist immer noch so süß wie am ersten Tag" entgegnete diese freudestrahlend. Die beiden küssten sich und nachdem sie die Rosen in eine Vase gegeben hatte, setzte sie sich zu ihrem dreijährigen gemeinsamen Sohn Ante auf den Teppich und half diesem, einen Turm aus Bauklötzen zu errichten.

Paul setzte sich auf das Sofa und schaltete den Fernseher ein, um die Nachrichten zu sehen, aber er schaltete sofort geistig ab. Die letzten Jahre war einiges geschehen. Er war erfolgreich im Beruf, ist um die Welt gekommen und hat in der Öffentlichkeit ein gewisses Ansehen erlangt. Ihm ging es gut und er hat ausreichend Geld verdient, um sich ein schönes großes Haus mit seiner Familie leisten zu können. Er fragte sich, was gewesen wäre, wenn dieser Erfolg ausgeblieben wäre. Paul blickte hinüber zu seiner Frau. Sie saß immer noch neben Ante, das Bauprojekt war schließlich noch nicht beendet.

Paul wusste, dass Erfolg nur eine Momentaufnahme ist und Geld keinen Reichtum bedeutet. Seine Frau liebte ihn und ihm wurde in diesem Moment einmal mehr klar, dass sie es auch tun würde, wenn er besitzlos wäre. Auch sie ist älter geworden, aber an ihrer natürlichen Schönheit hat sich nichts verändert. Paul wusste, dass er reich war, weil er sie an seiner Seite hatte – und diesen Reichtum konnte ihm niemand nehmen. Bei ihr fühlte er sich geborgen und er wusste, dass sie genauso für ihn fühlte.

„Pass auf, Schatz!" sagte sie plötzlich zu ihrem Sohn. Ante hätte vor lauter Übereifer fast seinen Turm umgeworfen. „Da hast du aber Glück gehabt!"

Ante hörte plötzlich auf zu spielen und setzte eine nachdenkliche Miene auf. Schließlich fragte er seinen Vater: „Papa, was ist Glück?" Paul wurde aus seinen Gedanken gerissen und war zunächst etwas perplex. Dann aber wusste er seine persönliche Antwort. Ein breites Lächeln machte sich in seinem Gesicht breit. Er schaute zu seiner Frau, sie dachten beide das gleiche, dann blickte er zu seinem Sohn und begann zu erzählen...

Persönliche Notizen zu dem Werk:

Zeitfracht Medien GmbH
Ferdinand-Jühlke-Straße 7
99095 Erfurt, Deutschland
produktsicherheit@kolibri360.de